Franz-Ulrich Willeke

Deutschland, Zahlmeister der EU

W0197349

Franz-Ulrich Willeke

Deutschland, Zahlmeister der EU

Abrechnung mit einer
ungerechten Lastenverteilung

OLZOG

Bibliografische Information der Deutschen Nationalbibliothek

Die Deutsche Nationalbibliothek verzeichnet
diese Publikation in der Deutschen Nationalbibliografie;
detaillierte bibliografische Daten sind
im Internet über http://dnb.d-nb.de abrufbar.

ISBN 978-3-7892-8332-1
© 2011 Olzog Verlag GmbH, München
Internet: http://www.olzog.de

Alle Rechte, insbesondere das Recht der Vervielfältigung und Verbreitung sowie
der Übersetzung, vorbehalten. Kein Teil des Werkes darf in irgendeiner Form
(durch Fotokopie, Mikrofilm oder ein anderes Verfahren) ohne schriftliche
Genehmigung des Verlages reproduziert oder unter Verwendung elektronischer
Systeme gespeichert, verarbeitet, vervielfältigt oder verbreitet werden.

Umschlagentwurf: Atelier Versen, Bad Aibling
Satz: EDV-Fotosatz Huber/Verlagsservice G. Pfeifer, Germering
Druck- und Bindearbeiten: Druckhaus Joh. Walch, Augsburg
Printed in Germany

Meiner Frau gewidmet

Inhalt

Kapitel 10
Lehren aus dieser EU-Geschichte: Europapolitische
Konsequenzen für die Zukunft

Verzeichnis der Tabellen

Vorwort

Deutschland war im Zuge der europäischen Integration bislang eine entscheidende Finanzstütze, angefangen von der Europäischen Wirtschaftsgemeinschaft bis hin zur heutigen Europäischen Union. Es gibt zwar immer wieder Deutsche, auch Freunde aus anderen Mitgliedstaaten der EU, die das herunterzuspielen versuchen. Aber lassen wir doch die Realität sprechen. Lassen wir uns in einen exakten Diskurs ein.

Die Schaffung gemeinschaftlicher Aktivitäten durch Übertragung nationaler Befugnisse auf die Institutionen in Brüssel, Straßburg und Luxemburg führt immer wieder zu der Frage zurück, wie das Ganze zu finanzieren ist. Und damit zu der Frage, welche finanziellen Konsequenzen die europäische Integration für die einzelnen Mitgliedstaaten hat: Einerseits im Hinblick auf deren Beteiligung an der Finanzierung, andererseits im Hinblick darauf, wie die finanziellen Lasten auf die Mitgliedstaaten verteilt werden.

Für Deutschland hat sich unter dem Eindruck der langjährigen Beobachtungen der Titel „Zahlmeister" eingebürgert. Dessen Urvater, der Zahlmeister der Soldaten, war derjenige, der *sämtliche* Zahlungen in der Hand hatte. Bei der Übertragung des „Zahlmeisters" als Metapher auf Deutschland ist dieser Sachverhalt aufgeweicht worden. Deutschland ist *nicht* derjenige, der *sämtliche* Zahlungen an die EU trägt, obwohl es sicherlich Zyniker gibt, die das Deutschland wünschen würden. Vielmehr tragen alle Mitgliedstaaten zusammen den vertraglichen Vorgaben entsprechend die Finanzierung der EU. Aber Deutschland ist dabei die Aufgabe des Hauptzahlers zugefallen und in diesem Sinne ist Deutschland *seit Jahrzehnten* der Zahlmeister.

Damit ist zugleich gesagt, dass die Position Deutschlands innerhalb der Beziehungen zu den anderen Mitgliedstaaten gesehen werden muss. Deshalb kann es in meiner Abrechnung nicht nur um Deutschland gehen, sondern es müssen Frankreich, Großbritannien und Italien ebenso wie Irland, Griechenland, Spanien und Portugal berücksichtigt werden – um nur einige weitere Mitgliedstaaten zu nennen.

Für Deutschland als *Zahlmeister* lassen sich *drei Funktionen* unterscheiden. Erstens ist Deutschland der Hauptzahler bei der Finanzierung der EU und damit bei den nationalen Beiträgen. Zweitens ist Deutschland mit seinen Nettobeiträgen der Hauptzahler bei der Umverteilung von den Nettozahlern zu den Nettoempfängern. Und drittens trägt Deutschland den größten Teil der Lastenverschiebung innerhalb der Gruppe der Nettozahler.

Warum das alles so ist, das ist die eine Frage. Ob und was davon gerechtfertigt ist, das ist die andere. Mit dem jetzt vielleicht nahe liegenden Aufbegehren „Deutschland ist doch der größte Mitgliedstaat und hat deshalb auch das Meiste von der EU" ist es nicht getan. Auch reicht nicht die sich aufdrängende Gegenfrage, dann muss Deutschland doch auch von den Nachteilen der EU am stärksten betroffen sein? Oder soll etwa behauptet werden, die EU habe keine Nachteile? Bevor wir uns auf einen derartigen Schlagabtausch mit generellen Bewertungen einlassen, sollten wir lieber ein bisschen näher hinschauen. Erst kommt die Beschreibung und Analyse, dann das Urteil.

Bis zum Frühjahr 2010 konnte man den Eindruck haben, dass die zuvor genannten drei Funktionen den Zahlmeister Deutschland ausmachen. Nun aber muss zusätzlich betont werden, dass es sich dabei um die *regulären* Funktionen des Zahlmeisters handelt, als diejenigen Funktionen, die sich im Rahmen der *regulären Finanzströme* innerhalb der EU unterscheiden lassen.

Denn im Frühjahr 2010 haben es die maßgeblichen Europapolitiker für richtig gehalten, unter Vertrags- und Vertrauensbruch mit neuen, in den europäischen Verträgen bislang nicht vorgesehenen und insoweit *nicht-regulären* Finanzströmen die Schleusen zu öffnen, um von Zahlungsunfähigkeit auf dem Kapitalmarkt bedrohten Mitgliedstaaten mit Krediten und Haftungssummen zu helfen, mit „Rettungsschirmen". In diesem Rahmen ist *Deutschland wieder als Hauptzahler* für den Fall vorgesehen, dass den Haftungen entsprechende Zahlungen notwendig werden. Das lässt sich dann als die *vierte* Funktion des Zahlmeisters Deutschland interpretieren – und nicht erst, wie in der Öffentlichkeit zuweilen behauptet wird, als der Beginn der Tätigkeit Deutschlands als Zahlmeister.

In der folgenden Analyse geht es mir vornehmlich um die ersten drei, die regulären Zahlmeisterfunktionen – und zwar auf einer möglichst breiten empirischen Basis, um das ganze Gewicht dieser Funktionen sichtbar zu machen. Denn wir können nicht so tun, als sei in dieser Hinsicht alles in Ordnung gewesen, bevor uns im Frühjahr 2010 neue Probleme der Lastenverteilung beschert wurden.

Einerseits werden, um die Weiterentwicklung der EU gebührend zu berücksichtigen, die Finanztransaktionen der EU seit der am 1. Mai 2004 wirksam gewordenen *Osterweiterung* mehrmals als Beispiel herangezogen; wegen der Datenlage musste allerdings das ganze Jahr 2004 der „EU seit der Osterweiterung" zugeschlagen werden, und deshalb ist es etwas ungenau, wenn im Folgenden für die Zeit von 2004 bis 2008 von „den ersten fünf Jahren seit der Osterweiterung" gesprochen wird.

Andererseits soll der historischen Bedeutung entsprechend in mehreren Analysen Deutschland als Zahlmeister *seit der Wiedervereinigung* hervorgehoben werden. Zu diesem Zweck wird mit dem ersten vollständigen Kalenderjahr nach der Wiedervereinigung Deutschlands, also mit dem Jahr 1991, begonnen und ein Zeitraum von 18 Jahren untersucht, also bis zum Jahr 2008 einschließlich (zum Zeitpunkt meiner empirischen Untersuchung lagen die Daten für 2009 noch nicht vor). Gelegentlich werden, wenn es sachlich nahe liegt, Daten aus der Zeit vor 1991 herangezogen. Jedoch soll das letzte Jahr des abgesteckten Zeitraums abgesehen von einigen Hochrechnungen bis 2010, die dem Vergleich mit den nicht-regulären Finanztransaktionen dienen, nicht überschritten werden.

Damit teilt meine Untersuchung das Schicksal aller derartigen empirischen Untersuchungen, die „irgendwann einmal" abgeschlossen werden müssen, und denen von dann ab notwendigerweise „die Zeit davonläuft". Aber die für die Osterweiterung sowie für die 18 Jahre nach der Wiedervereinigung ermittelten, neuen Ergebnisse sind dem Volumen und den Strukturen nach so eindeutig, dass sie durchaus für sich Gültigkeit und Aufmerksamkeit beanspruchen können. Nicht nur, weil sie von historischem Interesse sind, sondern weil sie auch politisch betrachtet aufschlussreich sind und zu politischen Konsequenzen für die Zukunft führen können.

Die zehn Kapitel des Buches sind inhaltlich aufeinander abgestimmt, folgen also einem „roten Faden". Aber Sie können die Kapitel auch unabhängig voneinander lesen, sofern Sie mögliche Querverbindungen zwischen den Kapiteln zunächst dahingestellt sein lassen wollen; schließlich sind auch Sie als Leser „ein freier Mensch". Deshalb mussten allerdings gelegentlich kleine Wiederholungen in Kauf genommen werden.

Die den Kapiteln 1 bis 9 zugeordneten Tabellen werden – dem Gedankengang angepasst – schrittweise erläutert, und es ist Ihnen freigestellt, zunächst davon auszugehen, dass die Tabellen vollständig leer sind. Durch die Erläuterungen werden die Tabellen gedanklich ausgefüllt und können anschließend als Gedächtnisstütze oder als Zusammenfassung wichtiger Aussagen verwendet werden. Im Übrigen ist der Text gezielt so geschrieben, dass Sie ihm auch als ein in der Materie vielleicht Noch-Nicht-Eingeweihter folgen und die Anmerkungen vernachlässigen können. Diese dienen ausschließlich einer gelegentlichen Vertiefung und weiteren Absicherung der Argumente.

Meine erneute Beschäftigung mit der Lastenverteilung in der EU resultierte nicht nur aus dem Streben nach neuen Einsichten, sondern ich wollte auch noch einmal eine Lanze brechen, nicht nur „für unser Land", sondern für Deutschland.

Franz-Ulrich Willeke
Heidelberg, im Januar 2011

Zu diesem Buch

In Gesprächen mit dem einen oder anderen der vielen an Europafragen Interessierten kommt man ziemlich schnell an den Punkt, dass die Gesprächspartner darüber klagen, insbesondere bei den EU-Finanzen „keinen hinreichenden Durchblick" zu haben. Ich kann deren Kummer aus eigener Erfahrung gut verstehen. Deshalb soll mit einer einfachen Darstellung der *Lastenverteilung* auf EU-Ebene begonnen und als empirisches Beispiel ein einzelnes Jahr, das Jahr 2008, verwendet werden, als die EU im Zuge der Osterweiterung inzwischen aus 27 Mitgliedstaaten bestand.

Bei der Lastenverteilung geht es im *ersten* Schritt darum zu bestimmen, welche nationalen Beiträge die einzelnen Mitgliedstaaten an die EU zu entrichten haben. Im *zweiten* Schritt geht es darum, wie die nationalen Beiträge von der EU zur Finanzierung der operativen Ausgaben verwendet werden, das sind die Ausgaben, die die EU im Rahmen ihrer Aufgaben und damit vielfältigen Projekte in den Mitgliedstaaten tätigt.

Der *zweite* Schritt ist im Ganzen gesehen für die langfristigen Wirkungen der Lastenverteilung der *gewichtigere*. Deshalb werde ich damit im Kapitel 1 beginnen. Beim Zusammentreffen der nationalen Beiträge, den Belastungen der Mitgliedstaaten, und den operativen Ausgaben, den Entlastungen der Mitgliedstaaten, zeigt sich, wie innerhalb der EU die *Initiative* von den Mitgliedstaaten auf die Europäische Kommission verschoben wird. Außerdem zeigt sich, *wie* der einzelne Mitgliedstaat *im Saldo von Belastung und Entlastung* „davonkommt": ob als *Nettozahler*, als *Nettoempfänger* oder als einer, für den sich die beiden Vorgänge rein quantitativ betrachtet ausgleichen.

Anschließend wird der *erste* Schritt der Lastenverteilung sozusagen nachgeholt. Welche nationalen Beiträge die Mitgliedstaaten zu entrichten haben, hängt von einer ganzen Anzahl politischer Entscheidungen ab, denen wir nicht im einzelnen nachzugehen brauchen. Darunter gibt es jedoch Entscheidungen seitens der EU, die darauf hinauslaufen, dass einzelne Mitgliedstaaten bei ihren nationalen Beiträgen an die EU (aus unterschiedlichen Gründen) *entlastet* und dafür gleichzeitig andere *zusätzlich belastet* werden, also bereits bei den Zahlungen an die EU eine *Umverteilung von Lasten* zwischen Mitgliedstaaten stattfindet. Wie das im Jahr 2008 ausgesehen hat, wird im Kapitel 2 dargestellt.

Eine dieser Umverteilungen, und zwar die größte, begünstigt seit mehr als zwei Jahrzehnten einseitig Großbritannien. Auf diese Weise ist für Großbritannien eine merkliche Entlastung zustande gekommen, und es drängt sich die Frage auf, wie diese *einseitige Begünstigung Großbritanniens* zu beurteilen ist. Darauf wird im Kapitel 3 eine Antwort gegeben.

Danach wird erstmals Deutschland in den Mittelpunkt der Betrachtung gerückt und im Kapitel 4 festgehalten, *mit welchen Milliarden Deutschland seit der Wiedervereinigung* an den Einnahmen und Ausgaben des EU-Haushalts beteiligt war: an den nationalen Beiträgen, an den seitens der EU getätigten operativen Ausgaben und an den Nettobeiträgen. Mit der Höhe der nationalen Beiträge und der Höhe der Nettobeiträge wird Deutschland für den Gesamtzeitraum seit der Wiedervereinigung als der „einsame" Zahlmeister ausgewiesen, was leicht anhand eines einzigen Vergleichs nachweisbar ist.

Bei der weiteren Analyse zur Lastenverteilung innerhalb der EU dreht sich alles um die Nettozahler und die Nettoempfänger. Als erstes geht es um das Verhältnis der Nettozahler zu den Nettoempfängern. Es ist zwar richtig, dass es von den Entscheidungen der Europäischen Kommission abhängt, welcher Mitgliedstaat für ein Finanzjahr Nettozahler oder Nettoempfänger wird, aber ohne die Bereitschaft von Mitgliedstaaten, als Nettozahler zu fungieren, würde das Ganze nicht funktionieren. In dieser Bereitschaft steckt die *Solidarität* der Nettozahler gegenüber den Nettoempfängern, und um das zu präzisieren, soll im Kapitel 5 danach gefragt werden, in welchem *Umfang* sich die Nettozahler gegenüber den Nettoempfängern solidarisch verhalten haben. Als empirisches Beispiel wird wieder die EU nach der Osterweiterung herangezogen, und zwar jetzt in der Weise, dass die Daten von 2004 bis 2008 als ein Block behandelt werden. Die Solidarität der Nettozahler lässt sich einerseits darin ausdrücken, was sie zusammen, als *Gruppe*, für die Nettoempfänger getragen haben, andererseits in dem, was die *einzelnen* Nettozahler dazu beigetragen haben. Das wird ausführlich besprochen.

Eine andere Frage ist allerdings, ob die Nettoempfänger das alles zur Kenntnis nehmen (wollen). Jedenfalls sind sie von der faktisch geübten Solidarität der Nettozahler abhängig, die sich aus deren Bereitschaft ergibt, die Entscheidungen der Europäischen Kommission zu den nationalen Beiträgen und zu den operativen Ausgaben zu akzeptieren. Demgegenüber befinden sich die Nettoempfänger zugegebenermaßen in ihrer Eigenschaft als Nettoempfänger in einer erfreulichen Situation, die, indem Bertolt Brecht leicht abgewandelt wird, auch so charakterisiert werden kann: Nur wer vom Wohlstand lebt, lebt angenehm. Von dort ist es nicht weit zu der Frage, *wie* angenehm war es denn, an dem Wohlstand anderer Mitgliedstaaten teilzunehmen?

Für die infolge der Osterweiterung hinzugekommenen Nettoempfänger wurde bereits im Kapitel 5 etwas über die Größenordnung der Begünstigungen gesagt. Deshalb sollen im Kapitel 6 die übrigen, die „älteren" Nettoempfänger betrachtet werden, und dies möglichst seit ihrer Mitgliedschaft in der (sich wandelnden) Europäischen Gemeinschaft.

Zunächst wird auf die Mitgliedstaaten eingegangen, die als Nettoempfänger angefangen haben, aber nun schon länger Nettozahler sind. Anschließend geht es um die Mitgliedstaaten, die seit ihrer Mitgliedschaft ununterbrochen Nettoempfänger sind. Dazu muss allerdings unser Beobachtungszeitraum über das Jahr 1991 hinaus nach vorne ausgeweitet werden. So muss für die bisherigen Dauer-Nettoempfänger Irland, Griechenland, Spanien und Portugal mit den Jahren um 1980 begonnen werden. Dann macht es auch einen Sinn, die Milliarden, die diese Nettoempfänger bereits erhalten haben, den Milliarden gegenüberzustellen, die seit dem Frühjahr 2010 als mögliche Finanzhilfen in Aussicht genommen worden

19

sind (wenn auch nicht notwendigerweise nur für diese Mitgliedstaaten).

Nachdem das glückliche Los der Nettoempfänger gewürdigt
worden ist, geht es in den nächsten drei Kapiteln dem Schwerpunkt
nach um das Los der *Nettozahler.* Hier lauten die zentralen Fragen
welches Gesamtvolumen den Nettozahlern *als Gruppe* zugemutet
worden ist und in welchem Umfang die Nettozahler *untereinander
Solidarität geübt haben.*

Dabei wird gedanklich am Kapitel 5 angeknüpft, indem im Kapitel 7 die Nettozahler der ersten fünf Jahre der EU nach der Osterweiterung danach untersucht werden, in welchem Umfang – bei
gegebenem Gesamtvolumen – sie in dieser Zeit untereinander solidarisch waren.

Um das beurteilen zu können, wird eine Konzeption der angemessenen Nettobeiträge verwendet, mit der die tatsächlichen Nettobeiträge beurteilt werden. Die angemessenen Nettobeiträge sind
nach den Bruttonationaleinkommen der Nettozahler gestaffelt,
und es wird unterstellt, dass damit eine hinreichend gerechte Lastenverteilung und damit Solidarität unter den Nettozahlern erreicht werden kann.

Der Gedanke, dass die Nettozahler untereinander in einer von
Gerechtigkeit geprägten Solidarität leben könnten, hat zweifellos
etwas Suggestives. Deshalb wird das, was zuvor für die EU nach der
Osterweiterung analysiert worden ist, in den beiden nächsten Kapiteln auf die gesamte Zeit nach der Wiedervereinigung Deutschlands übertragen: Welche tatsächlichen Nettobeiträge sind abverlangt worden und wie hätte es ausgesehen, wenn es in den 18 Jahren „mit gerechten Dingen zugegangen" wäre?

Um das zu beantworten, wird im Kapitel 8 zunächst *für Deutschland allein* die Entwicklung der tatsächlichen und angemessenen
Nettobeiträge seit der Wiedervereinigung beschrieben. Dabei werden drei, an der Zahl der Mitgliedstaaten orientierte Phasen unterschieden, und es zeigt sich, dass in der ersten Phase unmittelbar
nach der Wiedervereinigung die Belastung Deutschlands mit tatsächlichen Nettobeiträgen besonders hoch war – wenn man dies

an der Summe der tatsächlichen Nettobeiträge misst, die *alle anderen* Nettozahler *zusammen* getragen haben. Aber auch in den anderen beiden Phasen war Deutschland, wenn auch abnehmend, mit Abstand der größte Nettozahler und schon insofern der permanente Zahlmeister.

Außerdem zeigen die für Deutschland angemessenen Nettobeiträge in allen drei Phasen, dass die tatsächlichen Nettobeiträge Deutschlands stets mit Milliardenbeträgen über das hinausgingen, was am jeweiligen Volkseinkommen gemessen angemessen gewesen wäre. *Diese* Milliarden des Zahlmeisters zeigen, dass die *Größe* Deutschlands für dessen Belastung offensichtlich *nicht alleine* ausschlaggebend war.

Erschwerend kommt hinzu, dass man die Frage nach der an der Größe orientierten angemessenen Belastung mit Nettobeiträgen doch *auch für alle anderen Nettozahler* stellen muss. Immer nur zu behaupten, Deutschland habe wegen seiner Größe am meisten von der EU und habe deshalb auch die größten Nettobeiträge zu tragen, ist in ihrer Undifferenziertheit schlechterdings unzulässig, um nicht zu sagen naiv. So muss also auch geprüft werden, wie denn im gleichen Zeitraum, also von 1991 bis 2008 zusammengefasst, die anderen Nettozahler entsprechend der Höhe ihrer Volkseinkommen belastet gewesen sind. Und was bedeutet das im Vergleich zur Belastung Deutschlands? Dem kann nur weiter nachgegangen werden, wenn man *alle* Nettozahler *gleichzeitig* betrachtet, genauer: simultan analysiert.

Das Kapitel 9 dient dazu, die tatsächlichen und angemessenen Nettobeiträge aller Nettozahler für 18 Jahre in größeren Blöcken zu erfassen. Im ersten Schritt geschieht dies für die tatsächlichen Nettobeiträge für sich betrachtet. Das Volumen der tatsächlichen Nettobeiträge war so groß, dass man für den Zeitraum von 18 Jahren für die Europäische Gemeinschaft, heute „Union", bereits von einer „*regulären Transferunion*" sprechen kann – mit vier Hauptnutznießern. Die Träger dieser Transferunion waren 11 Nettozahler (wenn dies auch nicht für alle Nettozahler für den gesamten Zeitraum gilt).

21

Im zweiten Schritt wird untersucht, wie diese elf Nettozahler an der regulären Transferunion mit ihren *tatsächlichen* Nettobeiträgen beteiligt waren und wie sie mit den *angemessenen* Nettobeiträgen hätten beteiligt sein sollen.[1] Für den Zeitraum von 18 Jahren kann, was das Verhältnis der Nettozahler untereinander betrifft, von einem *großen Solidaritätsdefizit* gesprochen werden. Das wird eingehender begründet und auch gegen Behauptungen abgesichert, das, was Deutschland tatsächlich an Nettoleistungen getragen habe, das sei Deutschland doch mit Recht zugemutet worden.

Aber es gibt eine Möglichkeit, derartige Solidaritätsdefizite in Zukunft zu vermeiden, indem die Konzeption der angemessenen Nettobeiträge nicht nur zum Maßstab für die *Beurteilung* der tatsächlichen Nettobeiträge gemacht wird, sondern wenn darüber hinausgehend die *faktische Belastung* der Nettozahler daran orientiert wird. Damit wird *am Ende eines jeden Finanzjahres* der EU die wünschenswerte *Solidarität* zwischen den Nettozahlern auf dem Wege einer politischen Entscheidung *hergestellt*. Dies wird im Kapitel 10 dargestellt.

Ist die wünschenswerte Solidarität zwischen den Nettozahlern erreicht, werden dadurch deren Interessen auch an der weiteren Gestaltung der EU-Finanzen stärker koordiniert. Einer Ausuferung der finanziellen Lasten innerhalb der Europäischen Union wird dadurch leichter ein Riegel vorgeschoben. Darauf wird näher eingegangen. Derartige langfristige Auswirkungen einer erhöhten Solidarität der Nettozahler untereinander sind deshalb von besonderem Gewicht, weil die Existenz der Europäischen Union nicht davon abhängt, ob es den Euro weiterhin geben wird oder nicht. Und das heißt auch: Die Probleme der Lastenverteilung innerhalb der Europäischen Union, die in diesem Buch diskutiert werden, sind stets relevant, ganz gleichgültig, ob es den Euro weiterhin geben wird oder nicht.

Kapitel 1

Die Lastenverteilung innerhalb der EU und wie dabei Nettozahler und Nettoempfänger entstehen

Sobald ein Staat Mitglied der EU wird, muss er regelmäßig Zahlungen an die EU leisten und erhält von der EU im Gegenzug mehr oder weniger regelmäßig Zahlungen, die als „operative Ausgaben" der EU bezeichnet werden. Außerdem muss sich jeder Mitgliedstaat mit seinen Zahlungen an den Verwaltungskosten der EU beteiligen. All diese Zahlungen stellen die regulären Zahlungen zwischen der EU und den Mitgliedstaaten dar, und vornehmlich um diese geht es im Folgenden.

Die regulären Zahlungen an die EU

Die *nationalen Beiträge*, die „die Finanzminister" der Mitgliedstaaten an die EU entrichten, sind seit vielen Jahren die finanzielle Hauptquelle der EU. Sie werden nach dem Mehrwertsteueraufkommen und den Bruttonationaleinkommen der einzelnen Mitgliedstaaten nach bestimmten Regeln bemessen, womit tendenziell eine ökonomisch gleichgewichtige Belastung der Mitgliedstaaten erreicht werden soll.

Neben den nationalen Beiträgen stehen die *traditionellen Zahlungen* der Mitgliedstaaten an die EU, die aus den in den Mitgliedstaaten anfallenden Zolleinnahmen, Agrar- und Zuckerabgaben bestehen, wobei die Mitgliedstaaten davon 25 Prozent als Bearbeitungskosten zurückbehalten dürfen. Diese Einnahmen der EU, die vor allem an den Außengrenzen der EU anfallen und von Land zu Land sehr unterschiedlich hoch sein können, werden von der EU als die ihr ursprünglich angestammten, insofern „traditionellen" Zahlungen interpretiert.

Die nationalen Beiträge und die traditionellen Zahlungen bezeichnet die EU als die ihr zustehenden „Eigenmittelzahlungen". Mit der darin implizierten Vorstellung, dass durch diese Zahlungen die *Eigenmittel* der EU entstehen, wird auf die Kompetenz der EU, konkret der Europäischen Kommission, abgestellt, über die eingegangenen Finanzmittel *eigenverantwortlich* entscheiden zu können.[2]

Die Vorstellung von den „Eigenmitteln" der EU kann jedoch nicht über zwei Sachverhalte hinwegtäuschen. Der güterwirtschaftliche Gegenwert der an die EU transferierten Finanzmittel ist im Bruttoinlandsprodukt der Mitgliedstaaten enthalten und führt in jedem Mitgliedstaat zu Opportunitätskosten. Das heißt in diesem Fall: Die Regierungen der einzelnen Mitgliedstaaten können unter sonst gleichen Bedingungen über die Realisierung bestimmter ökonomischer, sozialer oder sonstwie motivierter Ziele, also über bestimmte „Opportunitäten", für die die betreffenden Finanzmittel notwendig gewesen wären, *nicht mehr selbst* entscheiden.[3] In diesem Umfang tritt zunächst einmal eine Belastung der Mitgliedstaaten ein.

Die Tabelle 1 soll helfen, die regulären finanziellen Beziehungen transparent zu machen. Am besten stellen Sie sich vor, die Tabelle sei im Moment vollständig leer, sodass es nunmehr darum geht, sie gedanklich nach und nach auszufüllen. Wir beginnen mit den Spalten 1 und 6: Die nationalen Beiträge und die traditionellen Eigenmittel werden getrennt voneinander eingetragen, um auch deren Verwendung getrennt voneinander weiter verfolgen zu können.

Von den 27 Mitgliedstaaten der EU, die 2008 zusammen 93.886,2 Mio. EUR nationaler Beiträge aufgebracht haben (Sp. 1, Summenzeile), sind von mir an dieser Stelle nur vier Mitgliedstaaten (DE, FR, UK, ES) zur Illustration herangezogen worden, um möglichst übersichtlich zu bleiben, und da dies für die Darstellung der hier relevanten Zusammenhänge genügt. Später wird auf sämtliche Mitgliedstaaten zurückzukommen sein, wobei es dann sogleich um die Zeit von 2004 bis 2008 gehen wird (Kap. 5).

24

Tabelle 1: **Wie in der EU Nettozahler und Nettoempfänger entstehen**

– dargestellt am Beispiel der EU-27 für 2008 –

Mitglied-staaten	1	2	3	4	5
			Sp. 1 + Sp. 2		Sp. 4 – Sp. 3
	Nationale Beiträge zum EU-Haushalt	National zugeordnete traditionelle Eigenmittel	Angepasste nationale Beiträge	Operative Ausgaben der EU i. d. Mitglied-staaten	Netto-beiträge (–) Netto-leistungen (+)
	Millionen EUR				
DE	17.983,7	877,9	18.861,6	11.025,6	– 7.836,0
FR	17.078,4	833,7	17.912,1	13.417,2	– 4.494,9
UK	7.755,6	378,6	8.134,2	7.141,2	– 993,0
N.N.	a	b	a+b	= c	0
ES	9.118,4	444,8	9.557,2	12.018,0	2.460,8
	93.886,2	**4.583,1**	**98.469,3**	**98.469,3**	**– 22.845,8** **22.846,0**

EU	6	7	8	9	10
			Sp. 6 – Sp. 7		Sp. 8 – Sp. 9
	Traditionelle Eigenmittel	Deckung der Finanzie-rungslücke	Noch verfügbar	Verwal-tungskosten der EU	Weitere Ausgaben, Überschuss
	17.282,9	**– 4.583,1**	**12.699,8**	**6.492,7**	**6.207,1**

DE Deutschland, FR Frankreich, UK Großbritannien, ES Spanien
Die Summen der Spalten 1 bis 10 beziehen sich auf die 27 Mitgleider der EU.
Differenzen in den Summen infolge Rundungen.

Quelle: Europäische Kommission, EU-Hausahlt 2008. Finanzbericht, S. 60, 67, 108.
Eigene Berechnungen.

Die traditionellen Eigenmittel in Höhe von 17.282,9 Mio. EUR, die ebenfalls 2008 von allen 27 Mitgliedstaaten zusammen stammen, werden bei der weiteren Darstellung der finanziellen Beziehungen, wie wir gleich sehen werden, nur bei Bedarf den Mitgliedstaaten nach einem bestimmten Verfahren zugeordnet; deshalb werden sie in Sp. 6 nur als Gesamtbetrag ausgewiesen.

Die EU muss gemäß vertraglicher Regelungen alle regulären Haushaltsausgaben (soweit nicht sonstige Einnahmen verfügbar sind) dem Grundsatz nach *vollständig* aus den nationalen Beiträgen und den traditionellen Eigenmitteln decken.[4] So ist es der EU beispielsweise untersagt, reguläre Haushaltsausgaben durch Kreditaufnahme zu finanzieren. Und wir wollen hoffen, dass sich unsere Europapolitiker wenigstens an diese vertragliche Regelung halten.

Die Finanzierung der durch die EU getätigten operativen Ausgaben

Für unsere Zwecke genügt es, die regulären Haushaltsausgaben der EU in zwei Blöcke aufzuteilen, in die operativen Ausgaben und die Verwaltungskosten. Gedanklich machen wir jetzt einen Sprung – hinweg über die weiterhin als leer vorgestellten Sp. 2 und 3 sowie 7 und 8 – und füllen die Spalten 4 und 9 aus.

Unter den operativen Ausgaben der EU in den Mitgliedstaaten werden sämtliche Ausgaben mit Ausnahme der Verwaltungskosten verstanden. Im Jahr 2008 betrugen die operativen Ausgaben auf dem Hoheitsgebiet Deutschlands beispielsweise 11.025,6 Mio. EUR (Sp. 4), und über die vier genannten Mitgliedstaaten hinaus waren es für die 27 Mitgliedstaaten zusammen 98.469,3 Mio. EUR (Sp. 4, Summenzeile).

Dem stehen die Verwaltungskosten der EU gegenüber, die hauptsächlich in Brüssel, Straßburg und Luxemburg und „nebenbei" in den Vertretungen entstehen, die die EU in den Mitgliedstaaten unterhält. Im Jahr 2008 betrugen die Verwaltungskosten

6.492,7 Mio. EUR. Erfreulicherweise überstieg die Summe der operativen Ausgaben die Summe der Verwaltungskosten noch immer bei Weitem, sodass es berechtigt ist, sich zunächst auf die Finanzierung der operativen Ausgaben zu konzentrieren.[5]

Wir stellen als erstes die nationalen Beiträge den operativen Ausgaben gegenüber und fragen, ob oder inwieweit die nationalen Beiträge ausgereicht haben, die operativen Ausgaben zu decken. Wir vergleichen also in Tab. 1 die Spalte 1 mit der Spalte 4. Die in beiden Spalten eingetragenen Zahlen sind die im Moment bekannten Werte.

Wie die Summen der nationalen Beiträge und der operativen Ausgaben zeigen, reichten die nationalen Beiträge (93.886,2 Mio.) nicht aus, um damit die operativen Ausgaben (98.469,3 Mio.) vollständig finanzieren zu können. Es bestand ein Finanzierungsdefizit in Höhe von 4.583,1 Mio. Dies hätte allerdings nicht sein müssen, denn die Europäische Kommission könnte die operativen Ausgaben ja grundsätzlich auf die nationalen Beiträge beschränken – aber sie ist in den letzten Jahrzehnten mit ihren operativen Ausgaben immer über die jeweiligen nationalen Beiträge hinausgegangen und so auch 2008.[6] Deshalb müssen traditionelle Eigenmittel (oder sonstige Einnahmen) verwendet worden sein, um das Finanzierungsdefizit zu beseitigen. Wie das geschieht, kann mithilfe der Tab. 1 vor Augen geführt werden, wobei angenommen wird, das zur Finanzierung nur traditionelle Eigenmittel verwendet werden.

Das Finanzierungsdefizit in Höhe von 4.583,1 Mio. wird zunächst sozusagen als Vormerkposten in die (bis dahin leere) Summenzeile der Sp. 2 eingetragen. Anschließend erfolgt die konkrete Lückenschließung, indem in Sp. 7 der benötigte Betrag traditioneller Eigenmittel – von der in Sp. 6 genannten Summe – abgebucht und gleichzeitig in Sp. 2 anstelle des Vormerkpostens als verfügbare Finanzmittel eingebucht wird.

Die damit erreichte *vollständige Finanzierung der operativen Ausgaben* drückt sich also darin aus, dass in der Summenzeile der Tab. 1 die Summe der nationalen Beiträge (Sp. 1) zuzüglich der zur

Schließung des Finanzierungsdefizits *eingesetzten* traditionellen Eigenmittel (Sp. 2) gleich der Summe der operativen Ausgaben (Sp. 4) ist. Aus der Perspektive der Gesamtfinanzierung der operativen Ausgaben ist dem nichts mehr hinzuzufügen.

Die Beteiligung der Mitgliedstaaten an der Finanzierung der operativen Ausgaben

Aus der Perspektive der Mitgliedstaaten hingegen ist das Ergebnis noch nicht befriedigend. Denn die Mitgliedstaaten sind mit ihren *nationalen Beiträgen* an der Deckung der operativen Ausgaben zwar beteiligt und das ist aus Sp. 1 ablesbar, aber bei den *eingesetzten* traditionellen Eigenmitteln in Höhe von 4.583,1 Mio. EUR ist von einer Beteiligung der Mitgliedstaaten bisher noch nicht die Rede; die Spalte 2 ist ja im Moment, abgesehen von der Summe, noch leer.

Andererseits sind die Mitgliedstaaten an den traditionellen Eigenmitteln ökonomisch betrachtet auf jeden Fall beteiligt, da die von ihnen an die EU überwiesenen Zolleinnahmen, Agrar- und Zuckerabgaben schließlich von den ökonomischen Aktivitäten in ihren Ländern abhängen. Insofern stellt sich die Frage, ob es einen Maßstab gibt, der geeignet ist, die zuvor für die operativen Ausgaben *eingesetzten* traditionellen Eigenmittel *den einzelnen Mitgliedstaaten* „doch irgendwie" *zuzuordnen*.

Ein einfacher, vielleicht sogar als „gerecht" empfundener Maßstab besteht darin, die prozentualen Anteile, mit denen die Mitgliedstaaten an den nationalen Beiträgen beteiligt sind, auch auf die eingesetzten traditionellen Eigenmittel anzuwenden.

Entschließt man sich zu diesem Maßstab, dann bedeutet das beispielsweise für Deutschland: Der nationale Beitrag Deutschlands in Höhe von 17.983,7 Mio. EUR macht 19,154785 Prozent der Summe der nationalen Beiträge in Höhe von 93.886,2 Mio. EUR aus. Dabei wird, um „möglichst gerecht" zu sein, der Prozentsatz auf mehrere Stellen hinter dem Komma ausgerechnet. Anschließend wird er auf die Summe der eingesetzten traditionellen Eigenmittel in Höhe von 4.583,1 Mio. EUR angewendet und damit derjenige Teil der traditionellen Eigenmittel festgelegt, der Deutschland *zugeordnet* werden soll, nämlich 877,9 Mio. EUR. Dieser Wert wird in Sp. 2 als erster bekannter Einzelwert national zugeordneter traditioneller Eigenmittel eingetragen.

Nach dem gleichen Verfahren werden auch für die anderen 26 Mitgliedstaaten die entsprechenden Anteile traditioneller Eigenmittel festgestellt und eingetragen.

Nun ist es ja so, dass die *Summe* der *prozentualen* Anteile der 27 Mitgliedstaaten an den nationalen Beiträgen gleich *100* Prozent ist. Deshalb ergibt sich, wenn diese Prozentsätze dazu verwendet werden, die Anteile der einzelnen Mitgliedstaaten an den eingesetzten traditionellen Eigenmitteln zu ermitteln, dass die Summe der eingesetzten traditionellen Eigenmittel in Höhe von 4.583,1 Mio. EUR *ohne Rest* auf die 27 Mitgliedstaaten *aufgeteilt* wird (was in der Tabelle 1, Sp. 2 leider nicht unmittelbar nachgeprüft werden kann, weil von den 27 Mitgliedstaaten nur vier genannt werden).

Sind auf diese Weise für alle 27 Mitgliedstaaten neben den nationalen Beiträgen (in Sp. 1) die Anteile der national zugeordneten traditionellen Eigenmitteln (in Sp. 2) bekannt, können beide Werte als „*angepasste* nationale Beiträge" (in Sp. 3) zusammengefasst werden.[7] Mit diesen angepassten nationalen Beiträgen wird beschrieben, in welchem Umfang der *einzelne* Mitgliedstaat – Deutschland beispielsweise mit 18.861,6 Mio. EUR – an der Finanzierung der *Summe* der operativer Ausgaben beteiligt ist: Denn die *Summe* der angepassten nationalen Beiträge in Höhe von 98.469,3 Mio. EUR (in Sp. 3) ist gleich der *Summe* der operativen Ausgaben (in Sp. 4). Es werden also *keine weiteren* Finanzmittel benötigt, die *über* die Summe der angepassten nationalen Beiträge hinaus zur Finanzierung der operativen Ausgaben eingesetzt werden müssten.

Die ganz normale Umverteilung zwischen den Mitgliedstaaten

An diesem Punkt angekommen, muss für den einzelnen Mitgliedstaat nur noch festgestellt werden, in welchem Verhältnis *sein* angepasster nationaler Beitrag (in Sp. 3) zu *denjenigen* operativen Ausgaben steht, die die EU auf *seinem* Hoheitsgebiet tätigt (Sp. 4). Dies wird zwar durch all das, was bisher anhand der Tab. 1 analysiert worden ist, tendenziell mitbestimmt, aber da die operativen Ausgaben seitens der EU in den Mitgliedstaaten von vielen Entscheidungen der EU abhängen und demzufolge sehr unterschiedlich hoch sein können, ist das Verhältnis zwischen den individuellen angepassten nationalen Beiträgen und den individuellen operativen Ausgaben durch das bisher Analysierte *nicht* determiniert.

Deshalb ist noch die Frage offen: Ist der angepasste nationale Beitrag des *einzelnen* Mitgliedstaats (in Sp. 3) größer, gleich oder kleiner als die auf *seinem* Hoheitsgebiet getätigten operativen Ausgaben (in Sp. 4)?

Obwohl es 2008 (und in den Jahren davor) keinen Mitgliedstaat gegeben hat, bei dem sein angepasster nationaler Beitrag *gleich* den auf seinem Hoheitsgebiet getätigten operativen Ausgaben war, ist es der Übersichtlichkeit halber doch nützlich, mit einem solchen Fall zu beginnen. In Tab. 1 ist dieser zumindest mögliche Fall durch den namenlosen Mitgliedstaat N.N. und die schlichte Gleichung a + b = c berücksichtigt worden. Dieser fiktive Mitgliedstaat ist netto weder begünstigt noch belastet. Er befindet sich so gesehen zwischen den Nettozahlern und Nettoempfängern in einer „neutralen" Position, was durch die Null in Sp. 5 ausgedrückt wird.

Abweichend von diesem fiktiven Mitgliedstaat waren 2008 die 27 „wirklichen" Mitgliedstaaten *entweder Nettozahler oder Nettoempfänger*. In Sp. 5 werden drei Nettozahler, Deutschland, Frankreich und Großbritannien, ausgewiesen, für die gilt, dass die angepassten nationalen Beiträge größer sind als die operativen Ausgaben auf ihren jeweiligen Territorien. Als Beispiel für einen Nettoempfänger, der an operativen Ausgaben mehr „herausbekommt" als er an angepassten nationalen Beiträgen eingebracht hat, wird Spanien genannt. Üblicherweise wird zur Feststellung der Differenz zwischen angepassten nationalen Beiträgen und operativen Ausgaben der Wert der operativen Ausgaben vorangestellt (Sp. 4 – Sp. 3), sodass in Sp. 5 die *Nettobeiträge* der Nettozahler als negative Werte, die den Nettoempfängern gewährten *Nettoleistungen* als positive Werte ausgewiesen werden.[8]

Wenn für sämtliche 27 Mitgliedstaaten die Nettobeiträge und die Nettoleistungen je für sich addiert werden, ergeben sich – abgesehen vom Vorzeichen und Rundungsdifferenzen – gleich hohe Summen, nämlich 22.845,8 Mio. EUR (Sp. 5, Summenzeile). Eine derartige Gleichheit der Nettobeiträge und Nettoleistungen wird erzwungen, wenn die Summe der angepassten nationalen Beiträge gleich der Summe der operativen Ausgaben ist. Das ergibt sich nach folgendem Modell.

Im Rahmen einer Pisa-Studie werfen 27 Schulkinder unterschiedliche Geldbeträge in eine Sammelbüchse. Anschließend verteilt der Lehrer die Gesamtsumme an die 27 Kinder wieder. Dabei merkt er bald, dass er einem oder mehreren Kindern nicht alles herausgeben darf, was sie eingezahlt haben, wenn er einem oder mehreren anderen Kindern mehr geben will, als sie eingezahlt haben. Diese Einsicht fasst er der Pisa-hungrigen Schulleitung gegenüber so zusammen: Bei einem gegebenen Gesamtbetrag ist die Summe dessen, was einige Kinder zusammen weniger herausbekommen, notwendigerweise gleich der Summe dessen, was andere Kinder zusammen mehr herausbekommen.

In seiner Freizeit wendet sich der Lehrer wieder dem Studium der EU zu und stellt entsprechend für die 27 Mitgliedstaaten der EU fest: Bei Gleichheit der angepassten nationalen Beiträge und der operativen Ausgaben (also bei gegebenem Gesamtbetrag) müssen einer oder einige Mitgliedstaaten akzeptieren, dass sie mit den operativen Ausgaben seitens der EU auf ihrem Hoheitsgebiet *weniger* herausbekommen, als sie an angepassten nationalen Beiträgen geleistet haben (Nettobeiträge), damit einer oder mehrere andere Mitgliedstaaten in *gleicher Gesamthöhe* durch die operativen Ausgaben auf ihrem Hoheitsgebiet entsprechend *mehr* erhalten können, als sie an nationalen Beiträgen eingezahlt haben (Nettoleistungen). Bei gegebenem Gesamtbetrag ist die Summe der Nettobeiträge notwendigerweise gleich der Summe der Nettoleistungen.

Damit findet eine *Umverteilung* von den Nettozahlern zu den Nettoempfängern statt, die von den in Tab. 1 dargestellten Sachverhalten – und den dahinter stehenden politischen Entscheidungen – abhängt. Und bislang war die Konstellation von Jahr zu Jahr immer so, dass es Nettozahler und Nettoempfänger gab. So gesehen ist diese innerhalb der *regulären* Finanzbeziehungen der EU stattfindende Umverteilung, wie sie beispielhaft in Sp. 5 dargestellt wird, bislang etwas „*ganz Normales*".

Doch wo steht geschrieben, dass dies immer so sein muss? Ist es wirklich unvorstellbar, dass sich eines Tages alle Mitgliedstaaten in einer neutralen Position (im oben genannten Sinne) befinden und damit diese Umverteilung erloschen ist? Aber wir wollen nicht vorgreifen. Im Folgenden jedenfalls geht es zunächst um die bisherige Normalität.

Schließlich muss noch ein kurzer Blick auf die *nicht* national zugeordneten traditionellen Eigenmittel geworfen werden (Tab. 1, Sp. 8). Diese werden zunächst einmal dafür benötigt, die Verwaltungskosten abzudecken, die in den letzten Jahren eindeutig gestiegen sind. Der Rest steht – wie auch die sonstigen, in Tabelle 1 nicht aufgenommenen „sonstigen Einnahmen" – für weitere Ausgaben zur Verfügung, es sei denn, sie werden als Haushaltsüberschuss in das kommende Jahr übernommen.[9] Diese Vorgänge brauchen uns jedoch nicht weiter zu interessieren, da sie für das Zusammenwirken der zuvor genannten Finanzströme nicht relevant sind.

Zahlmeister und Vizezahlmeister

Was aus der Tabelle 1 außerdem abgelesen werden kann, das sind einige Präzisierungen zur Zahlmeisterfunktion von Mitgliedstaaten. Die Entscheidung, ein Mitgliedstaat der EU sei in dieser oder jener Hinsicht „Zahlmeister", ist natürlich immer eine Frage der Perspektive.

Die nationalen Beiträge stellen, woran noch einmal angeknüpft werden soll, für die Mitgliedstaaten einen *Verzicht auf Entscheidungsbefugnisse* dar, und die Abgabe von Teilen des Bruttoinlandsprodukts bedeutet, dass insoweit *bestimmte Ziele* bei gegebenen Staatseinnahmen *nicht verwirklicht* werden können (es entstehen Opportunitätskosten). Und für Deutschland kommt hinzu, dass 2008 der *absolut größte nationale Beitrag* geleistet wurde. Das Zusammentreffen dieser drei gewichtigen Sachverhalte soll mit der Kurzformel gewürdigt werden, Deutschland habe 2008 bei den nationalen Beiträgen als „Zahlmeister" fungiert.

Während einer Olympiade kann es, wie wir wissen, vorkommen, dass in einer Disziplin zweimal die Goldmedaille vergeben werden muss, und dies kann analog beim „Zahlmeister" gelten, falls zwischen den nationalen Beiträgen zweier Mitgliedstaaten kein überzeugend messbarer Unterschied existiert. Dann gibt es eben zur gleichen Zeit zwei Zahlmeister. Deutschlands nationaler Beitrag betrug 2008 rund 18,0 Milliarden Euro. Selbst wenn es, sagen wir, „auf einhundert Millionen nicht ankommen soll", so war doch kein zweiter Zahlmeister auszumachen. Andererseits lag Frankreich mit 17,1 Milliarden Euro und damit mit 95 Prozent des deutschen nationalen Beitrags so dicht dahinter, dass wohl niemand ein Problem damit haben dürfte, wenn Frankreich hier als „Vizezahlmeister" eingestuft wird.

Zahlmeister Deutschland und Vizezahlmeister Frankreich haben demnach 2008 zusammen 35,1 Milliarden Euro nationaler Beiträge und damit 37,3 Prozent der nationalen Beiträge aller 27 Mitgliedstaaten getragen – wobei, was in Tab. 1, Sp. 1, nicht ausgewiesen wird, Italien mit 14,0 Milliarden Euro an dritter Stelle lag.

(Zur Vereinfachung der Darstellung wird im Folgenden im Text auf den Zusatz „EUR" oder „Euro" häufig verzichtet, vor allem bei notwendiger Wiederholung gleicher Zahlen oder Nennung mehrerer Zahlen hintereinander.)

Nun muss noch berücksichtigt werden, dass für die Finanzierung der operativen Ausgaben der EU letztlich die *angepassten* nationalen Beiträge maßgebend sind (Tab. 1, Sp. 3). Aber da die Finanzmittel, die zur Deckung der Finanzierungslücke notwendig sind, auf die Mitgliedstaaten den nationalen Beiträgen entsprechend proportional verteilt werden (Sp. 2), gelten für die angepassten nationalen Beiträge die gleichen Relationen wie für die nationalen Beiträge (Sp. 1). So bleibt Deutschland (Sp. 3) der Zahlmeister und das exakt mit 19,1 Prozent der angepassten nationalen Beiträge, und Analoges gilt für Frankreich als Vizezahlmeister mit 18,2 Prozent.

Die Vorstellung vom Zahlmeister und Vizezahlmeister lässt offen, was die Europäische Kommission aus den angepassten nationalen Beiträgen macht und welche politischen Einflüsse darauf einwirken. Eindeutig ist nur, dass der Zahlmeister Deutschland – nunmehr aus der EU-Perspektive formuliert – derjenige ist, dem die EU in hohem Maße den für die operativen Ausgaben notwendigen finanziellen Handlungsspielraum verdankt. Und unter Einbeziehung des Vizezahlmeisters Frankreich gilt dies erst recht. Aber was wird aus dem Zahlmeister und dem Vizezahlmeister, *nachdem* die Europäische Kommission ihre operativen Ausgaben (Sp. 4) getätigt hat?

Die bei den angepassten nationalen Beiträgen eingenommenen Positionen des Zahlmeisters und des Vizezahlmeisters lassen völlig offen, welche Nettopositionen diese Mitgliedstaaten einnehmen, sobald die Finanzmittel verteilt worden sind. So könnten die bisherigen Zahlmeister und Vizezahlmeister infolge der operativen Ausgaben der EU auch zu Netto*empfängern* werden. Aber so krass war es nicht. Beide waren 2008 nach Wirksamwerden der operativen Ausgaben Nettozahler, also an der Umverteilung zugunsten der Nettoempfänger als Gebende beteiligt: mit 7,8 bzw. 4,5 Mrd. EUR (Tab. 1, Sp. 5).

Jedoch besteht ein deutlicher Unterschied. Deutschland hat mit 7,8 Mrd. EUR 34,3 Prozent der Nettobeiträge insgesamt getragen: Deutschland als Zahlmeister der Umverteilung zugunsten der Nettoempfänger hat damit ein noch stärkeres Gewicht bekommen. Frankreich hingegen steuert zwar mit 4,5 Mrd. EUR 19,7 Prozent zur Umverteilung bei, entfernt sich aber gleichzeitig so weit vom deutschen Nettobeitrag nach unten, dass es irreführend wäre, auch jetzt noch von Frankreich als dem „Vizezahlmeister" unter den Nettozahlern zu sprechen. Das lässt sich auch so formulieren: Deutschland hat von den angepassten nationalen Beiträgen durch die operativen Ausgaben der EU nur 58,5 Prozent „zurückbekommen" (Tab. 1, Sp. 4 im Vgl. zu Sp. 3), sodass Deutschlands Last als Zahlmeister vergrößert wurde. Frankreich hingegen erhielt von den angepassten nationalen Beiträgen durch die operativen Ausgaben 74,9 Prozent zurück und brauchte damit in seiner Eigenschaft als Nettozahler nicht mehr als Vizezahlmeister zu fungieren.

Die EU hat gelegentlich ein Herz für nationale Interessen

Die angepassten nationalen Beiträge der Mitgliedstaaten setzten sich 2008 aus gut 95 Prozent nationaler Beiträge und knapp 5 Prozent eingesetzter traditioneller Eigenmittel zusammen (gemäß Tab. 1). Diese Größenordnung, die schon seit vielen Jahren zu beobachten ist, zeigt die Dominanz der nationalen Beiträge gegenüber den jeweils zur Deckung der Finanzierungslücke eingesetzten traditionellen Eigenmittel. Hinzu kommt, diese Dominanz verstärkend, dass die eingesetzten traditionellen Eigenmittel den Mitgliedstaaten nach deren Anteil an den nationalen Beiträgen zugeordnet werden (wie dies in Tab. 1 anhand der Sp. 2 beschrieben worden ist), demnach Änderungen in dem Verhältnis der nationalen Beiträge zueinander (in Sp. 1) auf die betreffende Zuordnung der traditionellen Eigenmittel (in Sp. 2) „durchschlagen". Wegen dieser Dominanz genügt es, sich auf die nationalen Beiträge zu konzentrieren, wenn es um Fragen der politischen Gestaltung auf der *Einnahmenseite* des EU-Haushalts geht.

Die nationalen Beiträge müssen hinterfragt werden

Wir können beobachten, dass die EU unter bestimmten Bedingungen bereit ist, die nationalen Beiträge einzelner Mitgliedstaaten abweichend vom Prinzip der Gleichbehandlung zu beeinflussen. Dabei kann es sich um höchst unterschiedliche politische Motive handeln. Aber im Ergebnis handelt es sich stets um *Umverteilungen* von Teilen der nationalen Beiträge zwischen den Mitgliedstaaten. Deshalb können wir diese Umverteilungen zusammen betrachten.

Dazu ist es notwendig, die nationalen Beiträge, die wir bislang in Tab. 1, Sp. 1 so „treuherzig" als gegeben angenommen haben, wenigstens noch zu hinterfragen.

Wer einen Sachverhalt *hinter*fragt, der will wissen, was *davor* war. Für die nationalen Beiträge zeigt das Tab. 2. Dort werden in Sp. 6 der Übersichtlichkeit halber die nationalen Beiträge der Tab. 1, Sp. 1 erneut genannt, und es ist zu fragen, wie politische Entscheidungen auf deren Höhe eingewirkt haben. Ich beginne mit den in Tab. 2, Sp. 1 ausgewiesenen nationalen Beiträgen, die zur Unterscheidung gegenüber denjenigen, die sich schließlich in Sp. 6 ergeben, „ursprüngliche" nationale Beiträge heißen sollen.

Die Entscheidungen des Rats in Brüssel über die Erhebung der ursprünglichen nationalen Beiträge sind von dem Ziel bestimmt, eine möglichst gleichgewichtige, am unterschiedlichen Wohlstandsniveau orientierte Belastung der Mitgliedstaaten mit nationalen Beiträgen zu realisieren; und die jeweils angewendeten Kriterien werden in den Finanzberichten der Europäischen Kommission dargelegt. Dabei können auch Überlegungen eine Rolle spielen, wie Mitgliedstaaten, die erfahrungsgemäß mit relativ hohen Nettobeiträgen belastet werden, bereits bei Bestimmung der ursprünglichen nationalen Beiträge entlastet werden könnten, um sozusagen vorsorglich den schließlich als Saldo verbleibenden Nettobeiträgen (gemäß Tab. 1, Sp. 5) frühzeitig einen Dämpfer zu verpassen. Darauf weist in Tab. 2 die Anmerkung zur Sp. 1 hin.

Die ursprünglichen nationalen Beiträge implizieren somit bereits einige politische Vorentscheidungen. Andererseits schließen sich dem – gemäß Tab. 2, Sp. 2 bis 5 – noch einige weitere politische Korrekturen an. Diese sind, wie schon gesagt, sehr unterschiedlich motiviert und wirken sich darüber hinaus sehr unterschiedlich auf die Höhe der nationalen Beiträge (gemäß Tab. 2, Sp. 6) und deren Verhältnis zueinander aus. Es handelt sich um drei politische Korrekturen.

Tabelle 2: Umverteilungen nationaler Beiträge durch die EU

– EU-27, 2008 –

Ausgewählte Mitgliedstaaten	1 Ursprüngliche nationale Beiträge	2 JI-Korrektur	3 UK-Korrektur	4 Sp.1 bis Sp.3 Zwischenergebnis	5 EBM 2007-Korrektur	6 Sp.4 + Sp.5 Nationale Beiträge zum EU-Haushalt
			Millionen EUR			
DE	18.474,3	1,9	402,1	18.878,3	– 894,6	17.983,7
FR	14.732,4	1,5	1.722,6	16.456,5	621,9	17.078,4
UK	13.870,9	– 5,1	– 6.252,0	7.613,8	141,8	7.755,6
ES	7.843,9	0,8	931,7	8.776,4	336,0	9.112,4
EU	**93.485,0**	**1,2**	**400,0**	**93.886,2**	**0,0**	**93.886,2**

Zu Sp.1: Von 2007–2013 beträgt der Abrufsatz für die Zahlungen aus dem Mehrwertsteueraufkommen allgemein 0,30%, davon abweichend für DE 0,15%. Der sich daraus ergebende Abschlag von – 3.336,3 Mio. EUR ist im ursprünglichen nationalen Beitrag für DE bereits berücksichtigt. Außerdem werden mit geringeren Abrufsätzen entlastet:
Österreich (AT) mit 0,225%, die Niederlande (NL) und Schweden (SE) mit je 0,10%.
Zu Sp.2: Neben UK erhalten einen Abschlag Dänemark (DK) – 0,7 und Irland (IE) – 0,5 Mio. EUR.
Zu Sp.3: In den für DE genannten 402,1 Mio. EUR ist berücksichtigt, dass DE nur mit einem Viertel des Betrages belastet worden ist, der bei der Höhe des BNE von DE hätte übernommen werden müssen. Gleiche Regelungen gelten für AT, NL und SE.
Zu Sp.5: Nach dem Eigenmittelbeschluss des Rats von 2007 (EMB 2007) werden Kürzungen auf die Zahlungen zugestanden, die am BNE bemessen werden.
Neben dem genannten Betrag für DE waren dies 2008 für die NL – 1.076,7, für SE – 355,0 und für AT – 14,3 Mio. EUR.

Quelle: Europäische Kommission, EU-Haushalt 2008. Finanzbericht, S.65 ff.
Eigene Berechnungen.

Eigenständige Innenpolitik wird belohnt

Erstmals für 2003 taucht in der Finanzberichterstattung der Europäischen Kommission eine *„JI-Anpassung"* für Dänemark auf, weil dieses Land an „einigen Gemeinschaftspolitiken der Bereiche Justiz und Inneres (JI) nicht teilnimmt". Seit 2006 gilt diese Korrektur auch zugunsten von Großbritannien und Irland. Zum Ausgleich für ihr Nicht-Teilnehmen werden diesen drei Mitgliedstaaten bestimmte Abschläge von den zu zahlenden nationalen Beiträgen zugestanden – 2008 beispielsweise betrug der Abschlag für Großbritannien 5,1 Mio. EUR (Tab. 2, Sp. 2).

Um zu verhindern, dass durch diese Abschläge die Gemeinschaftskasse durch ein Mindereinnahme belastet wird, findet nach den Worten der Europäischen Kommission eine „Finanzierung der Anpassung", sprich Umverteilung, in der Weise statt, dass diese Abschläge von den *anderen* 24 Mitgliedstaaten – oder zumindest von einigen – als *zusätzliche* nationale Beiträge getragen werden müssen. Diese Umverteilung ist in Tab. 2, Sp. 2 nur unvollständig erfasst; Deutschland beispielsweise zahlte 1,9 Mio. EUR zusätzlich. Obwohl eine derartige Umverteilung zwischen den Mitgliedstaaten die Gemeinschaftskasse dem Prinzip nach nicht berührt, brachte sie dennoch der Gemeinschaftskasse „wegen Wechselkursdifferenzen" 1,2 Mio. EUR ein (Sp. 2, Summenzeile).

Nun sind die hier zur Diskussion stehenden Beträge zwar „nicht weltbewegend", vielleicht nach dem Motto, wer permanent mit Milliarden hantiert, dem geht das Gespür für die Millionen verloren. Und die Kommission hat in ihrem Finanzbericht für 2008 die betreffenden Beträge durch Verrechnung mit den ursprünglichen nationalen Beiträgen nicht mehr ausgewiesen, allerdings, wie sie meint, nur „aus Gründen einer einfachen Darstellung" (EU-Haushalt 2008. Finanzbericht, S. 67). Gleichwohl ist das schade, nicht nur des Informationsbedürfnisses wegen, sondern weil die Regelung zeigt, wie *Kompetenzen* von der EU auf Mitgliedstaaten *zurückverlagert oder dort belassen* werden können *und* die betreffenden Mitgliedstaaten gleichzeitig mit einem Abschlag auf die

40

nationalen Beiträge entlastet werden. Für alle Fragen der Kompetenzverteilung zwischen EU und Mitgliedstaaten könnte das ein leuchtendes Beispiel werden.

Die Politik der leeren Handtasche setzt sich durch

Eine weitere Korrektur der nationalen Beiträge ist auf die *Politik der leeren Handtasche* zurückzuführen, die von der britischen Premierministerin, ihre Handtasche auf den europäischen Konferenztisch hart aufsetzend, mit dem allgemein verständlichen, zweifellos weitverbreiteten Wunsch „I want my money back" eingeleitet wurde. Demzufolge bekommt Großbritannien von der EU seit 1985 einen *Abschlag* auf die ursprünglichen nationalen Beiträge zugebilligt, der 2008, wie Tab. 2, Sp. 3 zeigt, 6.252,0 Mio. EUR ausmachte und damit 45,1 Prozent des ursprünglichen nationalen Beitrags Großbritanniens (gemäß Sp. 1) betrug.[10]

Begründet wird dieser Abschlag mit einem für Großbritannien bestehenden *Ungleichgewicht* zwischen der Höhe der ursprünglichen nationalen Beiträge, die Großbritannien belasten, und der Höhe der operativen Ausgaben, die Großbritannien zugutekommen. Es wird nach diesem von der Europäischen Kommission akzeptierten Ansatz *dann* von der Existenz eines derartigen „Ungleichgewichts" gesprochen, wenn der *Prozentsatz*, mit dem Großbritannien an den nationalen Beiträgen beteiligt ist, *höher* ist als der *Prozentsatz*, mit dem Großbritannien an den seitens der EU getätigten Ausgaben (den operativen Ausgaben *und* den Verwaltungsausgaben) beteiligt ist.[11]

Der Großbritannien gewährte Abschlag wurde von Anfang an dadurch *gegenfinanziert*, dass im gleichen Zuge *alle anderen* 26 Mitgliedstaaten mit zusätzlichen nationalen Beiträgen belastet wurden. Diese „pfiffige" Idee, nicht nur einen oder mehrere Mitgliedstaaten, in diesem Fall allerdings ausschließlich Großbritannien, zu entlasten, sondern gleichzeitig mit einer Umverteilung auf die anderen Mitgliedstaaten die Kasse der EU vor Einnahmeausfällen zu schonen, wurde also schon lange vor der 2003 eingeführten JI-Korrektur praktiziert.

In Tab. 2, Sp. 3, sind die zum Zwecke der Gegenfinanzierung erfolgten Zuschläge für drei ausgewählte Mitgliedstaaten (DE, FR, ES) genannt. Aber erst die *Summe* der Zuschläge für *alle* 26 betroffenen Mitgliedstaaten ergeben den zur Gegenfinanzierung benötigten Betrag von 6.256,0 Mio. EUR. Das gilt wenigstens „prinzipiell", denn wegen der wiederum auftretenden „Wechselkursdifferenzen", die sich hier besonders bemerkbar machen können, weil Großbritannien nicht der Europäischen Währungsunion angehört, erzielte die EU bei dieser – prinzipiell nur die Mitgliedstaaten betreffenden – Umverteilung eine Einnahme von 400 Mio. EUR (Sp. 3, Summenzeile).

Im Rahmen dieser UK-Korrektur wurde von der EU ein Nebenziel verfolgt, das schon einmal genannt wurde, nämlich einige Mitgliedstaaten gezielt zu schonen (vgl. Tab. 2, Anm. zur Sp. 3). Nur so erklärt es sich, dass Deutschland mit einem Zuschlag von 402,1 Mio. EUR „auffallend" weniger zusätzlich zugemutet wurde als etwa Frankreich oder Spanien. Prozentual gleiche Entlastungen wie Deutschland erhielten die Niederlande, Österreich und Schweden.[12]

Einige Mitgliedstaaten werden auf Kosten anderer weiter entlastet

Nach Berücksichtigung der beiden bisher erläuterten, mit Umverteilungen verbundenen Korrekturen ergeben sich die in Tab. 2, Sp. 4 genannten nationalen Beiträge. Ich habe dieses „Zwischenergebnis" einerseits aus Gründen der Transparenz eingefügt. Denn die Europäische Kommission weist in ihrem Finanzbericht für 2008 (S. 67) genau diese Werte als die „nationalen Beiträge insgesamt" aus, sodass ich mit dem Zwischenergebnis die Kompatibilität meiner Analyse mit den offiziellen Daten klarstellen möchte. Andererseits macht ein Vergleich dieser nationalen Beiträge in Sp. 4 mit den ursprünglichen in Sp. 1 das ganze Gewicht der UK-Korrektur deutlich. Daran hat auch die dritte, jetzt noch einzubeziehende Korrektur nichts geändert.

Die dritte Korrektur nationaler Beiträge (Tab. 2, Sp. 5) gilt aufgrund eines besonderen Beschlusses des Rats (der EU) ab 2007 und ist zunächst bis 2013 befristet. Sie soll einigen Nettozahlern – Deutschland, den Niederlanden, Schweden und Österreich – über die bisher schon genannten Entlastungen hinaus weitere Erleichterungen bei der Aufbringung der nationalen Beiträge bringen (vgl. in Tab. 2 die Anm. zur Sp. 5). 2008 betrug die Summe der Abschläge 2.341,0 Mio. EUR (für DE, NL, SE und AT). Sie wurde durch entsprechende Zuschläge auf die nationalen Beiträge der übrigen 23 Mitgliedstaaten, von denen in Tab. 2 nur Frankreich, Großbritannien und Spanien genannte sind, gegenfinanziert. Dies erfolgte ohne das Entstehen von „Wechselkursdifferenzen", sodass der Haushalt der EU unberührt blieb, was in der Summenzeile durch den Saldo 0,0 ausgedrückt wird (Tab. 2, Sp. 5).

Nach Berücksichtigung aller genannten Korrekturen ergaben sich die für 2008 zu entrichtenden nationalen Beiträge (Sp. 6).

Für einige Mitgliedstaaten bedeutete dies eine Entlastung gegenüber den ursprünglichen nationalen Beiträgen (Sp. 1). Dies galt einerseits für Deutschland sowie für die in der Tabelle nicht genannten Niederlande und Schweden, weil der Eigenmittelbeschluss des Rats von 2007 einen dafür ausreichenden Abschlag brachte. Dies galt andererseits für Großbritannien, weil der milliardenschwere UK-Abschlag (Sp. 3) dafür ausschlaggebend war; der Eigenmittelbeschluss hingegen bedeutete für Großbritannien eine Belastung von 141,8 Mio. EUR (Sp. 5), die jedoch in Anbetracht der Höhe des UK-Abschlags von Großbritannien mit einem „milden Lächeln" quittiert worden sein dürfte. Denn im Ergebnis machte der von Großbritannien zu entrichtende nationale Beitrag in Höhe von 7.755,6 Mio. EUR nur 56 Prozent des ursprünglichen in Höhe von 13.870,9 Mio. EU aus (Sp. 6 im Vgl. zu Sp. 1).

Bei allen anderen 23 Mitgliedstaaten (ohne DE, NL, SE und UK) führten die verschiedenen Korrekturen der nationalen Beiträge dazu, dass die zu entrichtenden nationalen Beiträge (Sp. 6) über den ursprünglichen lagen. Für Frankreich und Spanien sind die entsprechenden Beiträge in Tab. 2 ausgewiesen. In diesen beiden Fällen wie auch bei allen anderen 23 Mitgliedstaaten lagen die zu entrichtenden nationalen Beiträge etwa 15 bis 16 Prozent über den ursprünglichen (Sp. 6 im Vgl. zu Sp. 1). Diese angenähert gleichen Prozentsätze machen auch ohne nähere Analyse deutlich, dass die – in den Spalten 2 bis 5 genannten – Umverteilungen von den gezielt entlasteten *zu den zusätzlich belasteten* Mitgliedstaaten nach *gleichen Schlüsseln* erfolgten, *insoweit* also Gerechtigkeit angestrebt wurde.

„Der größte Mitgliedstaat hat die größte Last zu tragen"

Die Umverteilungen nationaler Beiträge durch die EU zeigen, dass neben der *Größe* der Mitgliedstaaten auch *andere Kriterien* zur Bestimmung der nationalen Beiträge verwendet wurden, und das soll zumindest bis 2013 so bleiben. Dadurch können, wie aus den Umverteilungen des Jahres 2008 als Beispiel hervorgeht, zwischen den Mitgliedstaaten merkliche Positionsverschiebungen von den ursprünglichen zu den schließlich zu entrichtenden nationalen Beiträgen eintreten (Tab. 2, von Sp. 1 zu Sp. 6).

Für die drei größten Mitgliedstaaten kann das so zusammengefasst werden: Deutschland, der Zahlmeister, wird leicht entlastet, bleibt aber Zahlmeister; Frankreich, zunächst nicht als Vizezahlmeister einstufbar, rückt so nah an Deutschland heran, dass diese Charakterisierung sinnvoll wird; Großbritannien, zunächst nicht viel weniger als Frankreich belastet, entfernt sich bei gleichzeitigen Entlastungen ganz deutlich von der Position Frankreichs nach unten (im Vergleich zum französischen nationalen Beitrag betrug der britische zunächst 94, dann 45 Prozent).

Die Tatsache, dass derartige Verschiebungen in der Lastenverteilung *politisch gewollt* eintreten können, erzwingt geradezu die Frage, wie das zu *bewerten* ist. Was ist etwa in diesem Zusammenhang bereits bei den nationalen Beiträgen – also schon *vor* den Nettobeiträgen – zum Zahlmeister Deutschland zu sagen?

Eine von deutschen Politikern häufig vertretene These lautet, Deutschland habe als *größter* Mitgliedstaat der EU auch den *größten* finanziellen Beitrag zu leisten. Dieses für die „breite Öffentlichkeit" bestimmte Urteil ist unmittelbar durchaus eingängig. Das Oberflächliche daran zeigt sich jedoch sofort, wenn man nachfragt: Soll damit *jede beliebige* Abweichung der deutschen Belastung von den Belastungen der übrigen Mitgliedstaaten nach oben gemeint sein? Ist es völlig gleichgültig, *unter welchen sonstigen Bedingungen* welche Lastenverteilung zustande kommt und damit auch, unter welchen Bedingungen der Anteil, der Deutschland als Zahlmeister „zufällt", zustande gekommen ist? *Wenn das so nicht gemeint* sein sollte, dann besteht wenigstens schon einmal Einigkeit dahin gehend, dass neben der „Größe" weitere Beurteilungskriterien benötigt werden.

Was das bedeuten kann, lässt sich leicht mithilfe der Tabelle 2 demonstrieren. Die ursprünglichen nationalen Beiträge (Sp. 1) sind aufgrund bestimmter Entscheidungen über die Bemessungsgrundlage, über die prozentualen Belastungen und gegebenenfalls nach bestimmten Differenzierungen dieser Faktoren ermittelt worden. Sie stellen zusammen die für diese Beiträge relevante *Bedingungskonstellation* dar. Der deutsche Beitrag ist bei *gegebenen* Beiträgen der (jeweils) anderen Mitgliedstaaten der gültige – er ist „der größte" und beträgt 18.474,3 Millionen, unter den gegebenen Bedingungen nicht weniger, aber eben auch nicht mehr.

Entsprechend lassen sich sämtliche Umverteilungen (gemäß Sp. 2 bis 5) als die *nächste* Bedingungskonstellation interpretieren, die (auf Basis der ersten Bedingungskonstellation) zu den zu entrichtenden nationalen Beiträgen (in Sp. 6) führt. Und damit gilt auch für den Zahlmeister Deutschland wiederum ein bestimmter, konditionierter Beitrag, „nicht weniger, aber auch nicht mehr".

Nach Klärung der formalen Zusammenhänge kann die Beurteilung erfolgen. Wer die beobachtete Belastung Deutschlands rechtfertigen oder im Kontrast dazu kritisieren will, der muss die jeweiligen Bedingungskonstellationen „auseinandernehmen" und abwägen, was dort gegebenenfalls „schief gelaufen" ist. Formal betrachtet gibt es zwei Ansatzpunkte.

Man kann das ganze *Niveau* der von der EU realisierten finanziellen Belastung rechtfertigen oder als überzogen kritisieren. Neue Aufgaben und Ausgaben sind seitens der Europäischen Versammlung (wohl fälschlich „Parlament" genannt) oder seitens der Europäischen Kommission „schnell erfunden", doch was man den Bürgern der Mitgliedstaaten auf die Dauer zumuten will, muss „irgendwann" auch einmal ernsthaft diskutiert werden. Dazu gehört die Frage nach der langfristigen Disziplinierung der Verwaltungskosten ebenso wie die Frage, wann endlich die überzogenen Gehalts- und Pensionsansprüche der EU-Bürokratie gekappt werden, die im Vergleich zu den in den Mitgliedstaaten vorherrschenden Verhältnissen dem Leistungsprinzip und dem Prinzip Verantwortung Hohn sprechen und überdies einen permanenten sozialen Skandal darstellen, wenn man bedenkt, wer denn alles in den Mitgliedstaaten die finanziellen Lasten für das trägt, was „nach Brüssel überwiesen" wird.

Die Fragen des langfristigen Finanzniveaus müssen gerade auch für die Politiker eines Zahlmeisters ein dringendes Thema sein. Denn bei Ermittlung der zu entrichtenden nationalen Beiträge ist bei gegebenen Bedingungskonstellationen das Finanzniveau dafür ausschlaggebend, was der Zahlmeister allen anderen Mitgliedstaaten voran zu zahlen hat.

Der andere Ansatzpunkt zur Beurteilung der nationalen Beiträge ist die Frage, wie *die bei der Verteilung* der Lasten auf die Mitgliedstaaten *verwendeten Kriterien* zu bewerten sind. Anhand der Tabelle 2 drängt sich hierzu eine Frage besonders auf.

Kapitel 3

Großbritanniens Politik der leeren Handtasche muss beendet werden

Wie steht es mit der Berechtigung, einseitig zugunsten Großbritanniens eine Korrektur vorzunehmen, die im Rahmen der Umverteilung nationaler Beiträge gegenwärtig eindeutig den „quantitativen Knackpunkt" darstellt?

Zur Ergiebigkeit der leeren Handtasche

Natürlich ist es jetzt, wenn man das beurteilen will, nicht ausreichend, von der Beobachtung eines Jahres auszugehen. Der 2008 gewährte UK-Abschlag in Höhe von 6.252,0 Mio. EUR war für einen Zeitraum von 24 Jahren nur das Schlusslicht einer langen Kette von UK-Abschlägen, durch die inzwischen eine Summe von 84,1 Mrd. EUR zusammengekommen ist: In dieser Höhe erhielt Großbritannien einen Zahlungsnachlass auf die ursprünglichen nationalen Beiträge in Höhe von 233,3 Mrd. EUR (Tab. 3, Sp. 1 und 2, Summenzeile). Und in dieser Höhe wurden die anderen Mitgliedstaaten mit zusätzlichen nationalen Beiträgen belastet, wenngleich auf 24 Jahre und eine zunehmende Zahl von Mitgliedstaaten verteilt.

Für Deutschland betrug (nach meiner speziellen Berechnung dazu) die – aus der Umverteilung zugunsten Großbritanniens resultierende – zusätzliche Belastung an zu entrichtenden nationalen Beiträgen 12,3 Mrd. EUR für die Zeit von 1985 bis 2008. Dabei ist zu bedenken, dass die bei Analyse der Umverteilung erwähnte gesonderte Rücksichtnahme auf Deutschland und einige andere Mitgliedstaaten (Tab. 2, Sp. 3) erst in den letzten Jahren geübt wurde.

Tabelle 3: Entlastung Großbritanniens durch Abschläge
auf die nationalen Beiträge

– 1985 bis 2008 –

Zeitabschnitte der EU	1 Ursprüngliche nationale Beiträge	2 UK- Abschläge	3	4 UK-Abschläge im Jahresdurch- schnitt
	Millionen EUR		%	Mill. EUR
EU-10/12 1985–1994	57.369,8	22.583,0	39,4	2.258,3
EU-15 1995–2003	101.615,5	34.406,2	33,9	3.822,9
EU-25/27 2004–2008	74.353,2	27.130,2	36,5	5.426,0
1985–2008	**233.338,5**	**84.119,4**	**36,1**	**3.505,0**

Zu Sp. 3: UK-Abschläge in Prozent der ursprünglichen nationalen Beiträge Großbritanniens in Sp.1.

Quellen: Europäische Kommission, Der EU-Haushalt 2006. Finanzbericht, S. 53 ff.; dieselbe, Der EU-Haushalt 2008. Finanzbericht, S. 104 f.
Eigene Berechnungen.

Allerdings handelt es sich hier bei den angegebenen Summen von UK-Abschlägen wieder um eine Untertreibung, weil bei einer so langen Zeitreihe von Abschlägen die Preisentwicklung berücksichtigt werden müsste, um den „wahren" Umfang dieser Umverteilung in gegenwärtigen Preisen ausgedrückt zu benennen. Dieser Wert liegt auf jeden Fall eindeutig über den 84,1 Mrd. EUR (und über den für Deutschland genannten 12,3 Mrd. EUR) – mit welcher Inflationsrate auch immer man rechnet. Aber ich will mich hier wieder mit dem Hinweis auf die Untertreibung begnügen. In jedem Fall gilt auch so schon: Wer ein Beispiel für eine höchst effiziente, nationale Interessen verfolgende Europapolitik eines einzelnen Mitgliedstaates sucht, der wähle zur Demonstration die Politik der leeren Handtasche.

Um das Ausmaß der UK-Abschläge weiter zu verdeutlichen, können die UK-Abschläge einerseits in Prozent der ursprünglichen nationalen Beiträge ausgedrückt werden. 2008 machte der Abschlag in Höhe von 6.252,0 Mio. EUR 45 Prozent des ursprünglichen nationalen Beitrags Großbritanniens aus (Tab. 2). Das war gemessen an der langjährigen Beobachtung ein recht hoher Prozentsatz, denn in den 24 Jahren wurde die Marke von 40 Prozent nur gelegentlich überschritten. Wie in Tab. 3, Sp. 3 festgehalten worden ist, bewegten sich die UK-Abschläge im Durchschnitt einzelner Zeitabschnitte im Bereich zwischen 30 und 40 Prozent. Und für den Gesamtzeitraum betrug der Abschlag 36,1 Prozent. Andererseits zeigen die UK-Abschläge auch in absoluten Jahresdurchschnitten ausgedrückt (Sp. 4), dass die Entlastung Großbritanniens bis in die jüngste Zeit nicht zurückgegangen ist, um es vorsichtig zu formulieren (da bei genauerer Betrachtung, wie gesagt, auch die Preisentwicklung berücksichtigt werden müsste).

Nicht nur Großbritannien ist im Ungleichgewicht

In Höhe der Abschläge auf die nationalen Beiträge hat Großbritannien an der Finanzierung von Gemeinschaftsaufgaben nicht teilgenommen. Das nationale Interesse Großbritanniens drängte die Bereitschaft zu solidarischem Verhalten zurück. Dem könnte nun entgegengehalten werden, die Abschläge würden ja nur dazu gedient haben, das für Großbritannien bestehende Ungleichgewicht zu beseitigen. Und man könnte noch einen Schritt weitergehen und argumentieren: Diejenigen, die den Briten die Beseitigung des Ungleichgewichts nicht gönnen, sind genau die Neider, die hier die hinreichende Solidarität gegenüber Großbritannien vermissen lassen.

Ein Ungleichgewicht wird in diesem Zusammenhang, um es der Einfachheit halber zu wiederholen, angenommen (vgl. Kap. 2), wenn in einem Jahr der Prozentsatz, mit dem Großbritannien an der Summe der nationalen Beiträgen beteiligt ist, größer ist als der Prozentsatz, mit dem Großbritannien an der Summe der EU-Ausgaben in den Mitgliedstaaten beteiligt ist (14,84 Prozent minus

6,96 Prozent gleich 7,88 Prozentpunkte). Nun soll davon ausgegangen werden, dass diese Situation dem Prinzip nach für Großbritannien permanent bestanden hat. Das soll gar nicht hinterfragt werden. Doch der Haken ist der: War denn Großbritannien der einzige Mitgliedstaat, für den ein solches Ungleichgewicht bestand?

Das ist nicht der Fall. Nehmen wir als Beispiel nur das Jahr 2008. In diesem Jahr betrug für Großbritannien der Abstand der zuvor genannten Prozentsätze, der als Indikator für das Ungleichgewicht verwendet wird, 7,88 Prozentpunkte. Im Vergleich dazu ergaben sich bei einer kurzen Überprüfung für Deutschland 9,10 Prozentpunkte; und für Italien 3,11, für die Niederlande 2,71, für Frankreich 2,67 sowie für Schweden 1,52 Prozentpunkte (um nur diese zu nennen). Dies zeigt, dass 2008 für Deutschland ein noch größeres „Ungleichgewicht" dieser Art bestand als für Großbritannien, und dass die Ungleichgewichte der übrigen genannten Mitgliedstaaten zwar niedriger waren als das für Großbritannien geltende, aber es existierten eben auch hier derartige Ungleichgewichte.

Die einseitige Begünstigung Großbritanniens ist nicht haltbar

Daraus folgt: Es ist unzulässig, aus der Existenz eines so definierten „Ungleichgewichts" die Berechtigung abzuleiten, damit könnten *einseitig einem* Mitgliedstaat Abschläge auf die nationalen Beiträge gewährt werden. Wenn sich die Europäische Kommission nur schon einmal die Mühe gemacht hätte, nicht nur Großbritannien, sondern auch die anderen Mitgliedstaaten über Jahre hinweg systematisch auf derartige Ungleichgewichte hin zu untersuchen und das zu veröffentlichen, so wäre schon früher klar geworden, dass die *einseitige* Entlastung Großbritanniens *so nicht begründet* werden kann.

Außerdem hätte man dann vielleicht erkannt, dass die Zuschläge, die den anderen Mitgliedstaaten im Zuge der UK-Korrektur gleichzeitig zugemutet werden (vgl. Kap. 2), dazu führen, dass dort vorhandene Ungleichgewichte sogar noch weiter erhöht werden. Denn wer sich bei *bisherigem* nationalem Beitrag und gegebenen, seitens der EU getätigten Ausgaben bereits im Ungleichgewicht befindet, für den gilt das mit einem infolge der UK-Korrektur *erhöhten* nationalen Beitrag erst recht. Dies unterstreicht nur die *Unmöglichkeit*, mithilfe des Konzepts des Ungleichgewichts die *ausschließliche* Begünstigung *eines* Mitgliedstaats begründen zu wollen.

Somit ist es an der Zeit, der Politik der leeren Handtasche eine Absage zu erteilen. Oder sollte man lieber sagen, es ist *höchste* Zeit, sie endlich zu beenden?

Denn die Tatsache, dass die anderen Mitgliedstaaten infolge der Umverteilung zugunsten Großbritanniens bis 2008 bereits 84,1 Mrd. EUR offensichtlich *ohne hinreichenden Grund* zusätzlich zahlen mussten, dürfte als Argument bereits ausreichen. Doch es kommt noch hinzu, dass von 2009 bis 2013 gemäß vorliegender EU-Finanzplanung prinzipiell noch alles so weiter laufen soll wie bisher. So könnte es sein, dass in diesen fünf Jahren zusammengefasst für die UK-Abschläge ein ähnliches Ergebnis zustande kommt, wie in den ersten fünf Jahren nach der Osterweiterung. Es könnten sich also nochmals etwa 25,0 Milliarden UK-Abschläge ergeben, wodurch deren Gesamtsumme bis Ende 2013 auf 110,0 Milliarden steigen würde (auch ohne preisbedingte Hochrechnung). Wann also „reicht es"?

Kapitel 4

Deutschlands Beteiligung am EU-Haushalt seit der Wiedervereinigung

In den ersten beiden Kapiteln ist gezeigt worden, welche Umverteilungen 2008 bei der regulären Lastenverteilung innerhalb der EU eine Rolle spielten und mit welchen nationalen Beiträgen und Nettobeiträgen zu rechnen war. Dies wird nun weitergeführt, indem für Deutschland eine Übersicht über die entrichteten nationalen Beiträge und deren Transformation in Nettobeiträge gegeben wird.

Was Deutschland in dieser Hinsicht seit der Wiedervereinigung als Zahlmeister geleistet hat, soll anhand der Tab. 4 demonstriert werden. In diese Tabelle ist als erste Zeile die Deutschland betreffende erste Zeile der Tab. 1 übernommen worden, um die dortige Jahresbetrachtung mit der jetzigen Langzeitbetrachtung „seit der Wiedervereinigung" auch optisch zu verknüpfen. Gleichzeitig soll damit unterstrichen werden, dass alle Daten für die Zeit ab 1991 nach dem gleichen Muster ermittelt worden sind – unabhängig von der 1995, 2004 und 2007 gestiegenen Zahl der Mitgliedstaaten.

Deutschlands nationale Beiträge seit der Wiedervereinigung

In Tab. 4 wird die finanzielle Position Deutschlands innerhalb der EU nach den drei wichtigsten Zeitabschnitten gegliedert, die sich seit 1991 infolge der schrittweisen Vergrößerung der EU unterscheiden lassen. Damit soll aber nur angedeutet werden, was die – nach Länge und Mitgliederzahl – ungleichen Zeitabschnitte der

Größenordnung nach für die finanzielle Beteiligung Deutschlands bedeuteten, während die *Interpretation* auf die Ergebnisse des *Ge-samt*zeitraumes beschränkt werden soll.

Deutschland zahlte in der Zeit von 1991 bis 2008 an die EU insgesamt nationale Beiträge in Höhe von 300,9 Mrd. EUR (Tab. 4, Sp. 1, wobei im Text vereinfachend nur die Bezeichnung „EUR" verwendet werden soll, obwohl bis 1998 in ECU abgerechnet wurde). In dieser Summe sind sämtliche Umverteilungen, die in all den Jahren durch die Korrekturen der nationalen Beiträge (im Sinne der Darstellung anhand der Tab. 2) stattfanden, berücksichtigt. Im gleichen Zeitraum wurden – was in Tab. 4 nicht ausgewiesen wird – aus Deutschland 58,3 Mrd. EUR Zolleinnahmen sowie Agrar- und Zuckerabgaben an die EU überwiesen, die von der EU als traditionelle Eigenmittel verbucht wurden.

Fasst man die nationalen Beiträge mit diesen traditionellen Eigenmitteln zusammen, ergeben sich 359,2 Mrd. EUR. Dies ist der erste große „Eckwert" für die finanziellen Beziehungen zwischen der EU und Deutschland, der angibt, welchen *Beitrag* Deutschland *zum EU-Haushalt* geleistet hat. Für diese Milliarden wurde die Verwendungsbefugnis von Deutschland auf die EU übertragen. Bezogen auf die vielen Tage der 18 Jahre ergibt sich damit, dass seit der Wiedervereinigung *täglich* im Durchschnitt (abgerundet) 54,0 Millionen Euro von Berlin nach Brüssel zur Mitfinanzierung des EU-Haushalts transferiert wurden.

Von diesem Vorgang wird in Tab. 4 nur ein Teil, allerdings der überwiegende, erfasst. Neben den nationalen Beiträgen wird von den traditionellen Eigenmitteln derjenige Betrag genannt, der zur Mitfinanzierung der operativen Ausgaben der EU über die nationalen Beiträge hinaus benötigt wurde. Während dies für das Jahr 2008 für sich betrachtet die (aus Tab. 1 entnommenen) 877,9 Mio. EUR waren, waren es für die 18 Jahre insgesamt 23,1 Mrd. EUR. (Von den oben genannten 58,3 Mrd. wurden also 23,1 Mrd. für die Mitfinanzierung der operativen Ausgaben abgezweigt und die verbleibenden 35,2 Mrd. in erster Linie zur Mitfinanzierung der Verwaltungskosten verwendet).

Wir erhalten damit für Deutschland den zweiten großen „Eckwert": An den operativen Ausgaben, die die EU in den 18 Jahren in allen Mitgliedstaaten zusammengerechnet tätigte, war Deutschland mit 324,0 Mrd. EUR beteiligt (Tab. 4, Sp. 3). Diese bestanden zu 93 Prozent aus nationalen Beiträgen und zu 7 Prozent aus Deutschland zugerechneten traditionellen Eigenmitteln.

Bei einer solchen Summe drängt sich schon die Frage auf, wie deren „Verbleib" zu beurteilen ist. Dabei geht es zunächst einmal um die 178,0 Mrd. EUR operativer Ausgaben (Tab. 4, Sp. 4), die im gleichen Zeitraum nach Deutschland „zurückflossen", das waren 55 Prozent der 324,0 Mrd. EUR. Dieser Rückfluss stellt für Deutschland den dritten großen „Eckwert" dar.

Zur Beurteilung der operativen Ausgaben

Für die Entscheidungen der Europäischen Kommission über die operativen Ausgaben ist prinzipiell wiederum der Solidaritätsgedanke maßgeblich. Die Mitgliedstaaten der EU, die sich zu einer Vergemeinschaftung wichtiger staatlicher Aufgaben entschlossen haben, haben damit auch eine im gemeinschaftlichen Interesse liegende Verteilung der operativen Ausgaben auf die Mitgliedstaaten akzeptiert.

Die Vergemeinschaftung bedeutet für den einzelnen Mitgliedstaat einerseits einen Verzicht, weil in Höhe der angepassten nationalen Beiträge die eigene staatliche Nachfrage nach Waren und Dienstleitungen (bei gegebenen Staatseinnahmen) reduziert werden muss. Andererseits ist es aus der Perspektive des einzelnen Mitgliedstaats nahe liegend, die operativen Ausgaben auf dem eigenen Hoheitsgebiet als etwas anzusehen, das man für seine angepassten nationalen Beiträge „zurückbekommt": In Höhe der operativen Ausgaben der EU im Inland steigt im Inland seitens der begünstigten Privatpersonen oder öffentlichen Institutionen die Nachfrage. Insofern spielen bei der *Beurteilung* der operativen Ausgaben nationale Interessen eine wichtige Rolle.

Tabelle 4: Deutschlands nationale Beiträge und Nettobeiträge
seit der Wiedervereinigung

– 1991 bis 2008 –

Zeit-abschnitte	1	2	3	4	5
	Nationale Beiträge zum EU-Haushalt	National zugeordnete traditionelle Eigenmittel	Sp.1 + Sp.2 Angepasste nationale Beiträge	Operative Ausgaben der EU	Sp.4 – Sp.3 Netto-beiträge (–)
	Millionen EUR				
2008 (wie in Tab.1)	17.983,7	877,9	18.861,6	11.025,6	–7.836,0
	Milliarden ECU / EUR				
1991–1994	57,1	6,3	63,4	28,0	–35,4
1995–2003	155,3	12,2	167,5	90,8	–76,7
2004–2008	88,5	4,5	93,0	59,2	–33,9
1991–2008	**300,9**	**23,1**	**324,0**	**178,0**	**–146,0**
1991–2008	**Zum Vergleich Frankreich**		**243,1**	**209,5**	**–33,6**

Quellen: Eurpäische Kommission, Aufteilung der EU-Ausgaben 2005 nach Mitgliedstaaten,
September 2006, S. 83 ff., und EU-Haushalt 2008. Finanzbericht, S. 102 ff.
Eigene Berechnungen; Rundungsdifferenzen.

Um möglichen einzelstaatlichen Vorbehalten zuvorzukommen,
könnte nun argumentiert werden, allein entscheidend sei die ge-
meinschaftliche, auf Solidarität ausgerichtete Aktivität der EU. Es
genüge das Hinweisschild „Hier baut die EU" und damit werde aus
jeder Tat eine Wohltat. Andererseits stehen einige Kriterien zur Beurteilung der operativen Ausgaben zur Verfügung, die eine derartige rigorose Interpretation zugunsten der europäischen Integration verbieten.

Es gibt sicher eine ganze Anzahl von Zielen in einzelnen Politik-
bereichen, beispielsweise in der Landwirtschaftspolitik, die mit
den operativen Ausgaben in gleicher oder ähnlicher Weise verfolgt

werden, wie sie von den Mitgliedstaaten verfolgt worden wären, wenn diese selbst unmittelbar über die betreffenden Geldmittel hätten verfügen können. Aber man muss damit rechnen – und das ist ja auch bezweckt –, dass von der EU mit den operativen Ausgaben anstelle bestimmter einzelstaatlicher Ziele andere, vielleicht ganz neue Ziele verfolgt werden, sich also die *Präferenzenordnung* und damit die *Nachfragestruktur* mehr oder weniger stark verschiebt. Deshalb muss immer wieder abwägend gefragt werden dürfen, ob und inwieweit derartige Zielverschiebungen tatsächlich als vorteilhaft angesehen werden können.

Ziele verfolgen und Ziele realisieren sind, wie wir wissen, zwei verschiedene Dinge, nicht nur im Alltag, sondern auch in der „hohen Politik". So ergibt sich die Frage, wie *effizient* war denn die EU mit diesen oder jenen operativen Ausgaben im Hinblick auf die gestellten Ziele? Gibt es irgendwelche Anhaltspunkte dafür, ob bei Bewältigung gleicher oder ähnlicher Aufgaben die einzelnen Mitgliedstaaten im Vergleich zur EU bessere oder schlechtere Ergebnisse erzielt hätten? Verfügen wir schon über eine hinreichende *Effizienzkontrolle*?

Da die Mitgliedstaaten ungefähr 75 Prozent der EU-Mittel verwalten, muss gefragt werden, wie gehen denn die Mitgliedstaaten damit um? Gelegentlich vielleicht etwas „großzügig" nach dem Motto „bezahlt ist ja schon", nämlich durch die nationalen Beiträge, „und wer nicht alles ausgibt, bekommt das nächste Mal weniger zugeteilt"? Gibt es demnach in der EU so etwas wie eine *systemimmanente Großzügigkeit*, von der man nicht so recht weiß, von wann ab sie als *Verschwendung* einzustufen ist?

Und wo Geld fließt, muss leider auch mit *Bestechung* und *Veruntreuung* gerechnet werden. Durch die finanzielle Integration kommt es zu umfangreichen zusätzlichen Geldtransaktionen, die natürlich nicht zur Korruption zwingen, aber doch *zusätzliche* Anregungen dafür geben können (Der Art. 325 AEU regelt Fragen der Betrugsbekämpfung.) Wenn schon einmal von einer fünfprozentigen Korruptionsquote gesprochen worden ist, wie steht es dann mit den 178,0 Mrd. EUR operativer Ausgaben, die in Deutschland seit der Wiedervereinigung getätigt worden sind? Wenn davon fünf Prozent veruntreut worden sein sollten, so wären das immerhin 9,0 Mrd. EUR. Das führt zu einer weiteren Frage: Wie durchsetzungsfähig kann eine Antikorruptionsbehörde sein, die Teil der EU-Verwaltung ist? Und in welchem Umfang wird dem Rechnungshof der EU Gehör geschenkt?

Mit all diesen Fragen, auf die an dieser Stelle nicht weiter eingegangen werden kann, soll nur festgehalten werden, dass sich hinter der Nennung eines mehr oder weniger großen Volumens operativer Ausgaben noch „eine ganze Menge an Problemen" verbirgt, bei denen Handlungsbedarf bestehen könnte.[13]

Werden die Nettobeiträge
unzulässigerweise dramatisiert?

Wird von der Summe der operativen Ausgaben die Summe der angepassten nationalen Beiträge abgezogen, ergibt sich für Deutschland für den Zeitraum nach der Wiedervereinigung als vierter großer „Eckwert" ein Nettobeitrag in Höhe von 146,0 Mrd. EUR (Tab. 4, Sp. 5), wobei, um es der Einfachheit halber zu wiederholen, die operativen Ausgaben bei der Differenzenbildung vorangestellt werden, um auf diese Weise die Nettobeiträge und nicht die Nettoleistungen durch ein Minuszeichen zu kennzeichnen. (Im laufenden Text wird auf das Minuszeichen verzichtet.)

Nun kann man in der öffentlichen Diskussion verschiedentlich das Argument hören, „die ganze Aufregung über die Nettobeiträge" sei doch gar nicht begründet. Sie stelle eine unzulässige Dramatisierung der Nettobeiträge dar, weil sich die Nettobeiträge von den operativen Ausgaben in einem wichtigen Punkt gar nicht unterscheiden. Denn nicht nur durch die operativen Ausgaben der EU in den Mitgliedstaaten würden die von den Mitgliedstaaten gezahlten nationalen Beiträge in diese zurückfließen, sondern auch über die Nettobeiträge. So ließe sich doch beobachten, dass viele Unternehmer, die ihren Standort auf dem Territorium eines

Nettozahlers haben, Aufträge von den Nettoempfängern erhielten – beispielsweise, wenn deutsche Baufirmen am Bau einer Autobahnstrecke im Land eines Nettoempfängers beteiligt sind. Also würden (zumindest) diese Nettobeiträge schließlich wieder in den Volkswirtschaften der Nettozahler „ankommen".

Für sich betrachtet sind derartige Beobachtungen gar nicht zu bestreiten, und man kann auch nicht den Fall ausschließen, dass – innerhalb eines Jahres etwa – in der Volkswirtschaft eines Nettozahlers exakt in Höhe seines Nettobeitrags andererseits Aufträge eingehen, die (wenigstens rechnerisch betrachtet) alle aus Nettoleistungen finanziert werden, die die Nettoempfänger von der EU erhalten haben.

Dennoch bleibt in all diesen Fällen *aus Sicht der Nettozahler* der entscheidende Unterschied zu den seitens der EU getätigten operativen Ausgaben bestehen.

Die operativen Ausgaben der EU, die die Nettozahler erhalten, richten sich an die Inländer: an Privatpersonen, Organisationen und öffentliche Institutionen auf dem Territorium der *Nettozahler*. Hingegen führen die Aufträge, die die Wirtschaftssubjekte der Nettozahler von den Nettoempfängern erhalten, zu einem Transfer von Waren und Dienstleistungen an die *Nettoempfänger*. Hier kann man sehr schön sehen, wie der *monetären* Umverteilung von den Nettozahlern zu den Nettoempfängern eine *güterwirtschaftliche* Umverteilung in der *gleichen Richtung folgt* (was andere, oft kompliziertere Kreislaufzusammenhänge nicht ausschließt). Und es ist ja gerade diese güterwirtschaftliche Umverteilung von den Nettozahlern zu den Nettoempfängern, die letztlich gewollt ist.

Es bleibt also dabei: Von den in Tab. 4 ausgewiesenen 324,0 Milliarden, die Deutschland seit der Wiedervereinigung als angepasste nationale Beiträge getragen hat, sind nur 178,0 Milliarden – *ohne Abgabe* von Waren und Dienstleistungen *an andere* Mitgliedstaaten – nach Deutschland zurückgeflossen, während die Nettobeiträge in Höhe von 146,0 Milliarden, also 45,1 Prozent der Gesamtsumme, zu einem Wohlstandstransfer in die Volkswirtschaften der Nettoempfänger geführt haben.

Deutschland und Frankreich im Langzeitvergleich

Die Tatsache, dass bei den Nettozahlern bezüglich der „Rückflüsse" angepasster nationaler Beiträge strikt zwischen den operativen Ausgaben der EU und den Nettobeiträgen unterschieden werden muss, ist auch bedeutsam, wenn Nettozahler daraufhin miteinander verglichen werden, in welchem Umfang sie von den operativen Ausgaben der EU begünstigt worden sind. Dies soll anhand eines Vergleichs zwischen Deutschland und Frankreich demonstriert werden.

Wie Sie sich erinnern werden, war es im Jahr 2008 so, dass durch die Umverteilungen zwischen den Mitgliedstaaten Frankreich bei den nationalen und damit bei den angepassten nationalen Beträgen zum Vizezahlmeister aufrückte (Tab. 1, Sp. 3). Bei dem relativ geringen Unterschied zwischen dem deutschen und dem französischen (stets: angepassten) nationalen Beitrag hing es dann insbesondere von den operativen Ausgaben ab, ob und in welchem Umfang ein Unterschied zwischen den Nettobeiträgen Deutschlands und Frankreichs zustande kam (Tab. 1, Sp. 3 und 4). Im Langzeitvergleich ist das merklich anders.

Für die Zeit von 1991 bis 2008 zusammengefasst betrug der nationale Beitrag Frankreichs 243,1 Milliarden, das waren 75 Prozent des deutschen in Höhe von 324,0 Milliarden (Tab. 4, Sp. 3). In dieser Differenz drückt sich in erster Linie der Unterschied der für den Gesamtzeitraum kumulierten Volkseinkommen beider Länder aus (70 Prozentpunkte). Die restlichen 5 Prozentpunkte sind darauf zurückzuführen, dass Frankreich durch Umverteilungen (wie im Kap. 2 dargestellt) mit zusätzlichen nationalen Beiträgen stärker belastet wurde als Deutschland. Aber diese Umverteilungen spielten auf den Gesamtzeitraum bezogen eine relativ geringe Rolle, sodass im Ergebnis eine deutlicher Abstand von den 243,1 zu den 342,0 Milliarden bei den nationalen Beiträgen bestehen blieb. Damit ist, was die Nettobeiträge betrifft, „vorprogrammiert", dass der deutsche Nettobeitrag höher sein wird als der französische.

Allerdings kommt es jetzt noch darauf an, wie hoch die Rückflüsse aus den operativen Ausgaben der EU waren. Während nach Deutschland mit den 178,0 Milliarden operativer Ausgaben 54,9 Prozent der nationalen Beiträge zurückflossen, waren es in Frankreich mit den 209,5 Milliarden operativer Ausgaben nicht weniger als 86,2 Prozent der nationalen Beiträge (Tab. 4, Sp. 4). Auch damit war „vorprogrammiert", dass der deutsche Nettobeitrag höher sein wird als der französische.

Man kann das so zusammenfassen: Ein relativ hoher nationaler Beitrag Deutschlands und relativ hohe operative Ausgaben in Frankreich begünstigen zusammen einen relativ hohen deutschen Nettobeitrag im Vergleich zum französischen. Für die Zeit von 1991 bis 2008 ist das in diese Richtung gehende Ergebnis jedenfalls nicht zu übersehen: Die 33,6 Milliarden Nettobeitrag Frankreichs machen 23,0 Prozent des deutschen Nettobeitrags aus (Tab. 4, Sp. 5).

Das ist zunächst einmal die Beschreibung des Sachverhalts. Wie er zu beurteilen ist, darauf wird weiter unten eine Antwort gegeben, wenn das Verhältnis der Nettozahler untereinander zur Diskussion steht. Zunächst müssen die Nettobeiträge im Zusammenhang mit den Nettoleistungen genauer angeschaut werden.

Die Nettobeiträge stellen für die Nettozahler letztlich eine güterwirtschaftliche Belastung dar, die unmittelbar nicht korrigiert oder kompensiert wird. In diesem Sinne handelt es sich bei den Nettobeiträgen im Sinne der Zahlungsbilanzstatistik um (einseitige) „Übertragungen" – und lange Zeit hat man insofern nicht ganz zu Unrecht von „Schenkungsbilanz" gesprochen. Auf die vielleicht dennoch nahe liegende Frage, was bekommen eigentlich die Nettozahler dafür, dass sie im Interesse der Nettoempfänger die Last von Nettobeiträgen akzeptieren? Auf diese Frage lautet die schlichte Antwort: unmittelbar nichts, wenigstens nichts, was materiellen Charakter hätte. Die Nettobeiträge müssen deshalb anders begründet werden.

Kapitel 5

Zur Solidarität der Nettozahler gegenüber den Nettoempfängern: Die EU seit der Osterweiterung als Beispiel

Die Tatsache, dass die Nettobeiträge den Nettozahlern unentgeltlich abverlangt werden, kann allgemein mit dem *Grundsatz der Solidarität* zwischen den Mitgliedstaaten der EU begründet werden: Zur europäischen Integration gehöre eben auch die Bereitschaft von Mitgliedstaaten, im Interesse anderer Mitgliedstaaten Nettobeiträge ohne unmittelbare Gegenleistungen zu akzeptieren.

Und an den faktischen Nettobeiträgen kann man dann ablesen, in welchem Umfang ein Mitgliedstaat tatsächlich Solidarität gegenüber den Nettoempfängern übt, auch wenn er die Höhe des Nettobeitrags nicht selbst bestimmen kann. Das lässt aber offen, wie die Nettobeiträge zu *beurteilen* sind. Ob sie gerecht verteilt sind und ob sie gegebenenfalls von Nettoempfängern in unverantwortlicher Weise verwendet werden. Und langfristig stellt sich auch die Frage, ob nicht der Einfluss der Nettozahler auf die Höhe der Nettobeiträge gestärkt werden muss.

Auf den folgenden Seiten soll zunächst die tatsächlich geübte Solidarität der Nettozahler im Mittelpunkt stehen, und es soll mit einer Übersicht über die ersten fünf Jahre nach der Osterweiterung begonnen werden. Um Deutschland dort einzuordnen, übernehmen wir aus der vorausgegangenen Analyse zur deutschen Beteiligung am EU-Haushalt die Information, dass Deutschlands Nettobeitrag in dieser Zeit 33,9 Mrd. EUR betrug (Tab. 4, Sp. 5). Mit diesem Beitrag, nun in Millionen ausgedrückt, beginnt die Übersicht in Tabelle 5 „links oben".

Umverteilung von den Nettozahlern zu den Nettoempfängern

Die auf der linken Seite der Tab. 5 aufgeführten Nettozahler sind (mit Ausnahme Dänemarks) diejenigen Mitgliedstaaten, die schon von 1995 bis 2003 in der EU-15 in dieser Eigenschaft permanent „tätig" waren.[14]

Auf der rechten Seite werden mit Spanien, Griechenland, Irland und Portugal zunächst die Mitgliedstaaten genannt, die in der EU-15 nicht nur permanent Nettoempfänger waren, sondern in diesem Zeitraum zusammen 99,6 Prozent der Nettoleistungen erhielten. Infolge der Osterweiterung der EU änderte sich dies: Der Anteil dieser vier Mitgliedstaaten an den Nettoleistungen sank in den ersten fünf Jahren zusammengefasst auf 66 Prozent. Anschließend folgen in der Tabelle die 2004 beigetretenen zehn Staaten, dann die beiden 2007 beigetretenen Staaten. Sie alle – auch Zypern – waren im Gesamtzeitraum Nettoempfänger. Sowohl die Nettozahler unter sich als auch die Nettoempfänger innerhalb der drei unterschiedenen Gruppen sind in der Tabelle im Großen und Ganzen (abgesehen von Schwankungen innerhalb des Zeitraumes) nach der Höhe der Bruttonationaleinkommen angeordnet worden.[15]

Werfen wir nun einen Blick auf die *Summen* der Nettobeiträge und Nettoleistungen. Wie aus der Analyse der Lastenverteilung innerhalb der EU für 2008 hervorging, ist die Summe der Nettobeiträge stets gleich der Summe der Nettoleistungen (Tab. 1). Damit ist zugleich die Summe bestimmt, die von den Nettozahlern zu den Nettoempfängern ohne Belastung des EU-Haushalts umverteilt wird. Gilt dies bei Anwendung des gleichen Berechnungsverfahrens Jahr für Jahr, dann muss dies auch für den Zeitraum von 2004 bis 2008 gelten. Dies wird in der Summenzeile der Tab. 5 bestätigt: In den ersten fünf Jahren der EU-25/27 wurden 101.338,7 Mio. EUR von den Nettozahlern zu den Nettoempfängern umverteilt.

Da ich auch für die EU-15 die Umverteilung von den Nettozahlern zu den Nettoempfängern für den Gesamtzeitraum nach der gleichen Methode ermittelt habe,[16] lässt sich leicht überprüfen, ob sich infolge der Osterweiterung bereits innerhalb der ersten fünf Jahre eine merkliche Veränderung in der Umverteilung ergeben hat. Der Vergleich zeigt: Von 1995 bis 2003 wurden im Jahresdurchschnitt 15.900,0 Mio. EUR umverteilt, während es von 2004 bis 2008 im Jahresdurchschnitt 20.300,0 Mio. EUR waren. Das bedeutet im Jahresdurchschnitt eine Erhöhung um 28 Prozent, die so hoch ist, dass sie nicht allein auf die in dieser Zeit erfolgten Preiserhöhungen zurückgeführt werden kann. Die Umverteilung ist demnach *real*, in Gütern ausgedrückt, erhöht worden.

Die Nettozahler präzisieren ihre Solidarität bei der Finanzierung …

Indem Mitgliedstaaten ihre Funktion als Nettozahler akzeptieren, üben sie, wie gesagt, Solidarität gegenüber den Nettoempfängern aus. Doch ist auf der europäischen Bühne ein „Dankeschön" seitens der Nettoempfänger an die Adresse der Nettozahler gerichtet nicht üblich. Die sich darin ausdrückende Selbstverständlichkeit, mit der „auf Kosten anderer gelebt" wird, ist wohl nur ein Ableger der Rücksichtslosigkeiten, durch die das öffentliche Leben in den Industriegesellschaften geprägt ist. Allerdings treten die Nettozahler in ihrem solidarischen Verhalten als Geldgeber nicht unmittelbar in Erscheinung, da die Umverteilung über die Europäische Kommission abgewickelt wird. Aber das sollte, so könnte man meinen, kein hinreichender Grund dafür sein, die nahe liegenden Zusammenhänge zu übersehen. So jedoch sind es allenfalls die Funktionäre der Europäischen Kommission, denen ein warmer Händedruck zuteil wird, obwohl sie nur Geld verteilen, das andere erarbeitet haben. Jedenfalls ist es aus der Perspektive der Nettoempfänger offenbar nahe liegend, die Nettoleistungen ausschließlich als eine Angelegenheit zwischen Europäischer Kommission und allein ihnen zu interpretieren.

Um der darin zum Ausdruck kommenden Missachtung der Solidarität der Nettozahlern Paroli zu bieten, können die Nettozahler eines tun, sie können das, was sie in solidarischer Absicht geleistet haben, wenigstens *präzisieren*, indem sie den *Umfang ihrer Beteiligung* an der Umverteilung herausstellen.

Tabelle 5: **Nettozahler und Nettoempfänger in der EU-25/27**

– 2004 bis 2008 –

Nettozahler		Nettobeiträge		Nettoempfänger		Nettoleistungen	
		Mill. EUR	%			Mill. EUR	%
DE	Deutschland	–33.887,4	33,4	ES	Spanien	24.172,0	23,9
FR	Frankreich	–16.942,5	16,7	EL	Griechenland	24.750,0	24,4
UK	Großbritannien	–12.238,4	12,1	IE	Irland	4.942,5	4,9
IT	Italien	–13.994,0	13,8	PT	Portugal	12.869,2	12,7
NL	Niederlande	–10.576,5	10,4	PL	Polen	15.679,8	15,5
BE	Belgien	–3.658,1	3,6	CZ	Tschechien	2.595,9	2,6
SE	Schweden	–4.494,2	4,4	HU	Ungarn	4.555,5	4,5
AT	Österreich	–1.831,4	1,8	SK	Slowakei	2.072,1	2,0
DK	Dänemark	–2.294,0	2,3	SI	Slowenien	536,4	0,5
FI	Finnland	–1.001,9	1,0	LT	Litauen	3.049,2	3,0
LU	Luxemburg	–420,3	0,4	LV	Lettland	1.600,3	1,6
				CY	Zypern	218,6	0,2
				EE	Estland	920,0	0,9
				MT	Malta	290,9	0,3
				RU	Rumänien	986,4	1,0
				BG	Bulgarien	2.099,9	2,1
Insgesamt		**–101.338,7**	**100**	**Insgesamt**		**101.338,7**	**100**
EU-27		**Nettoleistungen abzüglich Nettobeiträgen = 0,0**					

Zypern ist im Gesamtzeitraum im Saldo Nettoempfänger (256,2 – 37,6 = 218,6).

Quelle: Europäische Kommission, EU-Haushalt 2008. Finanzbericht, S. 108.
Eigene Berechnungen.

Aus Tab. 5 ist zu entnehmen, dass Deutschland an der *Finanzierung* der Umverteilungssumme der ersten fünf Jahre nach der Osterweiterung mit 33,4 Prozent beteiligt war. Dem folgte Frankreich mit 16,7 und Italien mit 13,8 Prozent, während Großbritannien gemessen an seiner durch das Bruttonationaleinkommen bestimmten Position etwas „abgeschlagen" mit 12,1 Prozent erst an vierter Stelle lag. Dies ist wiederum ein Zeichen dafür, dass sich der kräftige Abschlag auf den britischen nationalen Beitrag tendenziell auch in einer Reduzierung der Nettobeiträge auswirkt. Nach Großbritannien folgen die Niederlande mit einer Beteiligung von 10,4 Prozent und dann die übrigen sechs Nettozahler mit den Prozentsätzen, die mit den zuvor genannten Prozentsätzen zusammen 100 Prozent ergeben.

… und bei der Verwendung der Umverteilungssumme

Die Beteiligung der Nettozahler an der *Finanzierung* der Umverteilungssumme kann auch auf deren *Verwendung* übertragen werden (Tab. 5, rechte Seite): An *jedem einzelnen* Euro, der umverteilt wird, sind *alle* Nettozahler beteiligt, also Deutschland mit 33,4 Prozent und entsprechend alle anderen Nettozahler bis hin zu Luxemburg mit 0,4 Prozent. Diese Prozentsätze sind sozusagen der „genetische Code" jedes umverteilten Euro.

Wenn man das berücksichtigt, leuchtet sofort folgende Feststellung ein. An den 24,2 Mrd. EUR, die Spanien in den ersten fünf Jahren nach der Osterweiterung von der Europäischen Kommission in Form von Nettoleistungen erhielt, war jeder Nettozahler mit demjenigen Prozentsatz beteiligt, mit dem er schon bei der Finanzierung der Nettobeiträge beteiligt war. Damit verdankte Spanien von den 24,2 Mrd. EUR Deutschland 33,4 Prozent, also 8,1 Mrd. EUR, Frankreich 16,7 Prozent, also 4,0 Mrd. EUR – und wenn wir mithilfe der weiteren Prozentsätze der nächsten Nettozahler so weiterverfahren, werden schließlich die Spanien zugeflossenen 24,2 Mrd. EUR gedanklich allen 11 Nettozahlern ohne Rest zugeordnet. Auf diese Weise wird die *Solidarität* der Nettozahler gegenüber Spanien sozusagen *quantifiziert*.

Was für Spanien gesagt worden ist, gilt für alle anderen 15 Nettoempfänger formal in gleichem Sinne. Nehmen wir als weiteres Beispiel Polen, den bislang größten Nettoempfänger unter den neuen Mitgliedern der EU. Von den 15,7 Mrd. EUR, die Polen in den ersten fünf Jahren als Nettoleistung erhielt, sind Deutschland 33,4 Prozent, also 5,2 Mrd. EUR zu verdanken, Frankreich 16,7 Prozent, also 2,6 Mrd. EUR und Analoges gilt wiederum für die anderen Nettozahler.

Wie steht es mit der Solidarität der Nettoempfänger?

Hinter der von den Nettozahlern in solidarischer Absicht akzeptierten Umverteilung zugunsten der Nettoempfänger steht die Bereitschaft der Nettozahler, dass Teile des eigenen Bruttoinlandsprodukts an die Nettoempfänger transferiert werden, und damit letztlich die Bereitschaft, die eigenen *Steuerzahler* mit einem derartigen Verzicht zu belasten. Wenn wir schon, wie bereits betont, nicht erwarten dürfen, dass sich die Nettoempfänger bei den Nettozahlern *bedanken*, so sollte doch mit der zuvor präzisierten Quantifizierung der Solidarität der Nettozahler klargestellt werden, welche Milliardenbeträge die Nettoempfänger welchen Steuerzahlern letztlich *verdanken*.

Dem könnte die Europäische Kommission dadurch Rechnung tragen, dass sie die Hinweisschilder vom Typ „Hier baut die EU" ergänzt durch „finanziert durch die Steuerzahler in A mit a Prozent, durch die Steuerzahler in B mit b Prozent…", und so fort beispielsweise entsprechend den aus Tabelle 5 entnehmbaren Informationen. Zugegebenermaßen würden die Hinweisschilder der EU dadurch etwas länger. Aber die Wahrhaftigkeit ist in diesen Fällen nicht kürzer.

Abgesehen davon bleibt zu fragen, ob die Nettoempfänger dieses „Verdanken" nicht auch irgendwie anders zum Ausdruck bringen könnten. Doch, das können sie, indem sie mit den zu ihren Gunsten umverteilten Milliarden *verantwortlich umgehen*. Damit verhalten auch sie sich solidarisch, nämlich gegenüber den Nettozahlern und deren Steuerzahlern. „Anders herum" formuliert: Ein unverantwortlicher Umgang mit den empfangenen Nettoleistungen müsste als ein missbräuchliche Ausnutzung der von den Nettozahlern praktizierten Solidarität eingestuft werden.

Kapitel 6

Das unterschiedliche Los der Nettoempfänger: Im Norden einerseits, im Westen und Süden andererseits

Somit ist es in jedem Fall lohnend, sich die Nettoempfänger noch etwas genauer anzusehen. Für eine erste Beurteilung der zwölf Nettoempfänger, die durch die Osterweiterung hinzugekommen sind, ist die bisherige Mitgliedschaft wohl zu kurz. Deshalb wollen wir uns nur mit den Mitgliedstaaten beschäftigen, die schon *vor* der Osterweiterung zur EU gehörten. Unter diesen gibt es, was den angenehmen Status des „Nettoempfängers" betrifft, zwei Gruppen: die einen, die früher einmal Nettoempfänger waren und heute Nettozahler sind, und die anderen, die bis zum heutigen Tag noch Nettoempfänger sind. Und da fragt man sich als Nettozahler, vor allem als Zahlmeister, schon einmal, was soll das bedeuten?

Aus Nettoempfängern werden Nettozahler: Die Niederlande, Belgien, Dänemark und Finnland

Zu den Mitgliedstaaten, die früher einmal Nettoempfänger waren, zählen zwei Gründungsmitglieder der Europäischen Wirtschaftsgemeinschaft (1958), nämlich die Niederlande und Belgien. Später kamen Dänemark (1973) und Finnland (1995) hinzu.[17] Für diese vier Mitgliedstaaten galt in den Neunzigerjahren, solange sie noch Nettoempfänger waren, dass die ihnen gewährten Nettoleistungen – am jeweiligen Bruttosozialprodukt gemessen – zwischen 0,07 und 0,23 Prozent ausmachten. Das waren in absoluten Beträgen im Jahresdurchschnitt für die Niederlande 286,0 Mio., für Belgien 241,0 Mio., für Dänemark 300,0 Mio. und für Finnland 125,0 Mio.

ECU (bezogen auf unterschiedliche Zeitabschnitte). Der Größenordnung nach handelte es sich also bei diesen vier Nettoempfängern um ähnliche Begünstigungen, und diese lagen eindeutig unter
dem, was den anderen, noch zu berücksichtigenden Nettoempfängern zuteil wurde.

Die genannten Nettoempfänger wurden in den folgenden Jahren endgültig zu Nettozahlern: die Niederlande 1993, Belgien 1997,
Dänemark und Finnland 2001. In den einschlägigen Statistiken
der Europäischen Kommission können Sie den Übergang zum
Nettozahler ganz einfach an den neu auftauchenden Minuszeichen ablesen, die vor den Nettobeiträgen stehen. Sollten Sie jedoch
Genaueres über die näheren Umstände wissen wollen, vor allen
Dingen, warum gerade zu diesem Zeitpunkt der betreffende Nettoempfänger zum Nettozahler mutierte, so werden Sie in der Statistik keinen weiteren Hinweis finden.

Andererseits muss man der Europäischen Kommission zugute
halten, dass ein diesbezüglicher Kommentar vielleicht überflüssig
ist. Denn der Übergang vom Nettoempfänger zum Nettozahler
liegt sozusagen in der „Sachlogik" der gewährten Nettoleistungen: Ist es doch deren „Sinn und Zweck", einen Mitgliedstaat in
seinen öffentlichen Belangen und seinem Streben, das Wohlstandsniveau seiner Staatsbürger zu heben, intensiv zu fördern.
Gleichzeitig muss es aber die Aufgabe der Europäischen Kommission sein, die Umverteilung zugunsten der Nettoempfänger möglichst effizient zu gestalten, um „Sinn und Zweck" *möglichst bald*
zu erreichen.

Also gibt es keinen besseren Beleg für eine den Nettoempfängern gegenüber erfolgreiche Politik, als wenn die Europäische
Kommission einen Nettoempfänger schließlich „ohne großen
Kommentar" aus diesem Status entlässt. Das mag zunächst bedeuten, dass der bisherige Nettoempfänger zunächst in einer neutralen Position gehalten wird, indem er weder Nettoleistungen erhält
noch Nettobeiträge zahlt (vgl. in Tab. 1 den fiktiven Mitgliedstaat
N. N.). Doch mit der Bereitschaft, schließlich Nettobeiträge zu akzeptieren, kann sich der bisherige Nettoempfänger nunmehr als

Nettozahler gegenüber den verbleibenden Nettoempfängern solidarisch verhalten.

Die Niederlande, Belgien, Dänemark und Finnland haben genau das getan. Nach ihrer „Häutung" vom Nettoempfänger zum Nettozahler haben sie regelmäßig Nettobeiträge bis zu mehreren hundert Millionen Euro akzeptiert, wobei die Niederlande nach einer gewissen „Anlaufzeit" mit jährlichen Nettobeiträgen bis zu 2.600,0 Mio. EUR zu einem der großen Nettozahler wurden.

Nettoempfänger am Dauertropf der EU: Irland, Griechenland, Spanien und Portugal

Wenden wir uns nun den Nettoempfängern zu, die von Anbeginn an bis in die Gegenwart diesen Status behalten konnten: Irland, Griechenland, Spanien und Portugal – wobei der Vollständigkeit halber gesagt werden soll, dass Spanien im ersten Jahr seiner Mitgliedschaft (1986) einen Nettobeitrag leistete, aber da sich das bislang nicht wiederholte, kann Spanien ohne fühlbare Einschränkung als permanenter Nettoempfänger behandelt werden.

Diese vier Nettoempfänger erhielten im Laufe der Zeit wesentlich höhere Nettoleistungen als die erste Vierergruppe. Zunächst, als Irland, Griechenland, Spanien und Portugal nach und nach Mitglieder der Gemeinschaft wurden, waren die an sie gezahlten jährlichen Nettoleistungen nicht höher als die der anderen Nettoempfänger. Aber die Nettoleistungen überschritten doch recht bald die Milliardenschwelle – das galt für Irland 1985, für Griechenland 1983, für Spanien 1988 und für Portugal 1991. Anschließend blieben die Nettoleistungen auf einem Niveau „satter" Milliarden.

So erhielten von 1991 bis 1999 *im Jahresdurchschnitt* an Nettoleistungen Irland 2,3 Mrd., Griechenland 3,9 Mrd., Spanien 5,0 Mrd. und Portugal 2,5 Mrd. ECU/EUR. Und von 2000 bis 2008 wurden im Jahresdurchschnitt in Irland 1,2 Mrd., in Griechenland 4,5 Mrd., in Spanien 6,1 Mrd. und in Portugal 2,5 Mrd. EUR erreicht. Auf diesem Wege kamen bis Ende 2008 für diese vier Dauer-Nettoempfänger als Gruppe einige hundert Milliarden zusammen – ein „hübsches Sümmchen", für das es sich lohnt, etwas genauer hinzusehen.

Das Ergebnis meiner (etwas umfangreicheren) Recherchen ist für den Gesamtzeitraum von 1976 bis 2008, für den die Nettoleistungen erfassbar waren, in den ersten drei Zeilen der Tab. 6 festgehalten worden; um die Vergleichbarkeit mit späteren Analysen nicht zu beeinträchtigen, bei denen es in erster Linie um die Zeit *ab* 1991 geht, wird auch in Tab. 6 der Zeitraum von 1991 bis 2008 an erster Stelle genannt: In diesem Zeitraum erhielten die vier Dauer-Nettoempfänger zusammen 252,0 Milliarden Nettoleistungen. Sofern Sie bereits hier von einem „stolzen Betrag" reden möchten, würde ich versucht sein, dem nicht zu widersprechen.

In dem Zeitabschnitt davor, in dem die vier Staaten erst nach und nach Mitglieder der Gemeinschaft wurden, entwickelte sich das Volumen der Nettoleistungen quasi „naturgemäß" erst langsam. Es kamen bis 1990 einschließlich 35,0 Milliarden zusammen.

Insgesamt haben demnach Irland, Griechenland, Spanien und Portugal (auch die „PIGS"-Staaten genannt[18]) von 1976 bis 2008 eine Summe von 287,0 Milliarden als Nettoleistungen erhalten (noch ohne eine Hochrechnung auf das Preisniveau von 2010, worauf ich bald zurückkommen werde).

Wie die Aufteilung unter die vier Nettoempfänger zu beurteilen ist, soll hier offen bleiben. Interessanterweise ist meines Wissens von keinem dieser vier Nettoempfänger bislang in der Öffentlichkeit diskutiert worden, ob sie denn wohl *untereinander* gerecht oder ungerecht behandelt worden seien. Möglicherweise sind alle Viere der Auffassung, „durchaus reichlich bedient" worden zu sein, und dass sie deshalb „nur um der Gerechtigkeit willen" lieber keine „schlafenden Hunde" wecken wollten.

Tabelle 6: Nettoempfänger am Dauertropf der Gemeinschaft
Empfangene Nettoleistungen

– Mrd. RE/ECU/EUR –

Zeitabschnitte	Irland IE	Griechenland EL	Spanien ES	Portugal PT	IE + EL + ES + PT
1991–2008	31,6	75,4	99,7	45,0	252,0
1976–1990	13,6	13,3	5,1	2,7	35,0
1976–2008	45,0	89,0	105,0	48,0	287,0
1976–2008 (2010)	**67,5**	**133,5**	**157,5**	**72,0**	**430,5**
	Beteiligung Deutschlands mit … Milliarden				
1991–2008	17,8	38,3	50,3	23,2	130,0
1976–1990	8,2	8,0	3,0	1,6	21,0
1976–2008	26,0	46,0	54,0	25,0	151,0
1976–2008 (2010)	**39,0**	**69,0**	**81,0**	**37,5**	**226,5**

Mitgliedschaft: IE seit 1973 (Nettoleistungen erfassbar ab 1976); EL seit 1981; ES und PT seit 1986.

Währungen: Bis 1978 (Europäische) Recheneinheit RE; 1979 bis 1998 ECU; ab 1999 EUR.

Zu den Zeilen 1976–2008 in Preisen von 2010:

      Annahme einer durchschnittlichen Preisniveauerhöhung von
      50 Prozent für 1976–2008.

Quellen: Europäische Kommission, EU-Haushalt 2008. Finanzbericht, S. 91 ff.

      Willeke, Tatsächliche und angemessene Nettobeiträge, S. 100 u. weitere eigene
      Berechnungen; stärkere Rundungen.

Deutschlands Mitfinanzierung
der Nettoleistungen

Für einen so großen Nettozahler wie Deutschland allerdings stellt sich auf jeden Fall die Frage, in welchem Umfang diese 287,0 Milliarden von Deutschland mitfinanziert wurden.

In der Zeit *seit der Wiedervereinigung* lassen sich für die letzten Jahre der EU-12 (bis 1994), für die EU-15 (1995–2003) und für die ersten Jahre der EU-25/27 bezüglich der relativen Höhe der deutschen Nettobeiträge deutliche Unterschiede feststellen: So betrug der prozentuale Anteil der deutschen Nettobeiträge an den jeweiligen Nettobeiträgen aller Nettozahler in den drei Zeitabschnitten nacheinander zunächst 73,7, dann 53,6 und schließlich 33,4 Prozent (was in der Tab. 6 nicht wiedergegeben wird, jedoch in Tab. 8, Sp. 2 nachgeholt wird).

Entsprechend nahm die auf Basis der Nettobeiträge ermittelte rechnerische Beteiligung Deutschlands an der Finanzierung der Nettoleistungen innerhalb dieses Zeitraumes allmählich ab, was bei Bestimmung des deutschen Anteils an den Nettoleistungen, die Irland, Griechenland, Spanien und Portugal zuflossen, berücksichtigt werden musste. Das Ergebnis ist in Tab. 6, Zeile 5 festgehalten worden und die Summe dieser Zeile zeigt: Von den Nettoleistungen in Höhe von 252,0 Milliarden (Zeile 1), die die vier Dauer-Nettoempfänger *seit der deutschen Wiedervereinigung* erhielten, wurden 130,0 Milliarden vom deutschen Steuerzahler getragen (Zeile 5), das sind 51,6 Prozent.

In dem Zeitabschnitt von 1976 bis 1990, also *vor der Wiedervereinigung*, lagen die deutschen Nettobeiträge in etwa bei 60 Prozent der Nettobeiträge insgesamt.[19] Dieser Prozentsatz bestimmt auch den rechnerischen Anteil Deutschlands an der Finanzierung der den Nettoempfängern gewährten Nettoleistungen. Deshalb sind in Tab. 6 von den in der zweiten Zeile genannten Nettoleistungen 60 Prozent Deutschland als Finanzierungsanteil zugerechnet und in der sechsten Zeile eingetragen worden: Von den 35,0 Milliarden Nettoleistungen insgesamt (Zeile 2) sind somit rund 21,0 Milliarden Deutschland oder konkreter dem deutschen Steuerzahler zuzurechnen (Zeile 6).

Und schließlich ergibt sich summa summarum aus einem Vergleich der Zeilen 3 und 7: Von den 287,0 Milliarden, die Irland, Griechenland, Spanien und Portugal *seit ihrer Mitgliedschaft* in der EU bis Ende 2008 zusammen an Nettoleistungen erhielten (Zeile 3), wurden von Deutschland über die Nettobeiträge 151,0 Milliarden finanziert (Zeile 7). Das sind 52,6 Prozent, die Deutschland auch in diesem Zusammenhang eindeutig als den Zahlmeister ausweisen, wodurch es gerade uns nahegelegt wird, noch näher nachzufragen.

Eine weitere Hilfe: Rettungsschirme

Als im Frühjahr 2010 für Schuldnerstaaten der Eurozone „Rettungsschirme aufgespannt" wurden, ging es in erster Linie, wie es hieß, „um die Rettung des Euro". Seitdem konzentriert sich ein gewichtiger Teil der Debatte um die Frage, ob mit den beschlossenen Regelungen tatsächlich eine gute Lösung zur „Rettung" oder auch „Stabilisierung" des Euro gefunden wurde. Das kann hier nicht unser Thema sein, aber der Kern des Vereinbarten, der geht uns etwas an.[20] Denn in welchem Verhältnis stehen die neu beschlossenen Hilfen zu den Nettoleistungen?

Es wurden Regeln beschlossen, die festlegen, unter welchen Bedingungen in Zahlungsnot geratene Schuldnerstaaten Kredite bekommen können (Kreditfazilitäten) und wie die Kredite, sofern sie gewährt werden, abgesichert werden sollen. So gilt, dass für die Rückzahlung der in Anspruch genommenen Kredite die jeweils anderen Mitgliedstaaten der Eurozone für den Fall haften, dass der Kredit aufnehmende Mitgliedstaat (nachweislich) nicht in der Lage ist, den Kredit selbst ordnungsgemäß zurückzuzahlen. Es haftet zwar *jeder* Mitgliedstaat der Eurozone für die notleidenden Kredite der anderen, aber derjenige mit einem notleidenden Kredit kann natürlich in diesem kritischen Moment nicht für sich selbst haften. Der Münchhausen, der sich am eigenen Schopf aus dem Sumpf zieht, lässt sich leider nicht imitieren. Insgesamt ist damit auf diese Weise eine *durch Haftungen abgedeckte Summe einräumbarer Kredite* (kurz: Kredithilfen) in Höhe von 520,0 Mrd. EUR vereinbart worden: als Griechenland-Hilfe 80,0 Milliarden und als allgemeine Kredithilfe im Rahmen einer Zweckgesellschaft 440,0 Milliarden.

Neben diesen direkten Beteiligungen der Mitgliedstaaten der Eurozone ist die Europäischen Kommission mit einer eigenen Kredithilfe in Höhe von 60,0 Milliarden „mit von der Partie", für die alle Mitgliedstaaten der EU haften. Jedenfalls bringt damit die EU mit ihren Mitgliedern mit den schon zuvor genannten Milliarden zusammen eine Kredithilfe von 580,0 Milliarden selbst auf die Beine. Außerdem ist der Internationale Währungsfonds, für die EU von „außen" kommend, als möglicher Kreditgeber (politisch durchaus auch eigennützig) eingestiegen, wobei die Mitgliedstaaten der EU hier nur indirekt als Mitglieder des IWF für die Rückzahlung notleidender Kredite mithaften. Die IWF steuert eine Kredithilfe in Höhe von 280,0 Milliarden bei, und zwar 30,0 Milliarden als Griechenland-Hilfe und 250,0 Milliarden in Ergänzung der über die Zweckgesellschaft laufenden Kredithilfe.

Damit kam im Frühjahr 2010 eine Kredithilfe von 860,0 Milliarden (580,0 + 280,0) zusammen, als eine durch Haftungen abgesicherte Summe einräumbarer Kredite, von denen allerdings im Rahmen der Griechenland-Hilfe die ersten Tranchen sofort erfolgten. (Wenn man von den 860,0 Milliarden die Griechenland-Hilfe von 80,0 + 30,0 = 110,0 Milliarden abzieht, ergeben sich die 750,0 Milliarden, die in der Öffentlichkeit häufig sozusagen als maßgebliche Orientierungsgröße genannt werden).

Neben den durch Regeln festgelegten Kredithilfen wurde die Europäische Zentralbank (EZB) derart unter politischen Druck gesetzt, dass deren Präsident und die übrigen Mitglieder des Zentralbankrats (zumindest mehrheitlich) glaubten „umfallen" zu müssen, sodass die EZB in Abweichung von ihrer bisherigen Politik damit begann, Staatsanleihen auf dem Kapitalmarkt unmittelbar anzukaufen. Im Herbst 2010 wurde ein Volumen von rund 60 Milliarden angekaufter Staatsanleihen erreicht.

Wenn man diese Regelungen und Maßnahmen mit den im Maastrichter Vertrag festgelegten, nunmehr im Vertrag von Lissabon, dort im „Vertrag über die Arbeitsweise der Europäischen Union (AEU)" zu findenden entsprechenden Vorschriften vergleicht, muss man feststellen: Im Frühjahr 2010 störte es die maßgeblichen Politiker offenbar nicht, ob bestehendes Recht gebrochen werden musste oder institutionelle Regelungen, mit denen einst in den Neunzigerjahren das Vertrauen in den neuen Euro gefestigt werden sollte, einfach über Bord geworfen wurden. So wurde das Verbot, dass die Union oder ihre Mitgliedstaaten für die Schulden anderer Mitgliedstaaten haften, ebenso übergangen wie das Prinzip der politischen Unabhängigkeit der EZB.[21] Ob ein solches Vorgehen das Ansehen der Europapolitiker und das Vertrauen in die Glaubwürdigkeit der Europapolitik gestärkt hat? Dies muss bezweifelt werden, aber im Folgenden muss vom gegebenen Inhalt der Beschlüsse ausgegangen werden.

Wurden die Nettoleistungen vergessen?

Die Kredithilfe für Griechenland ist von allen genannten Kredithilfen und Ankäufen von Staatsanleihen die einzige, die auf einen bestimmten Adressaten abgestellt ist. Bei allen anderen ist offen, welcher Mitgliedstaat der Eurozone der anzuerkennende „Bedürftige" sein könnte. Andererseits haben viele öffentliche Kommentare und Mutmaßungen darüber, wer als nächstes ein Anwärter auf die neuen Kredithilfen sein könnte, gezeigt, dass – in alphabetischer Reihenfolge genannt – überwiegend zunächst an Irland, Portugal und Spanien gedacht wurde und wird. Deshalb will ich mich auf folgenden Sachverhalt konzentrieren: Es sind exakt die vier größten Nettoempfänger der EU, die gegenwärtig auch als erste Nutznießer der aufgespannten Rettungsschirme diskutiert werden.

Obwohl der ununterbrochene Strom der Nettoleistungen aus Brüssel nicht verborgen bleiben konnte, spielte die Tatsache, dass die bislang schon besonders Begünstigten auch jetzt wieder die ersten Anwärter auf weiter Begünstigungen sind oder sein könnten, in der öffentlichen Diskussion bislang so gut wie keine Rolle. Hat man sich an die *bereits regulär* geflossenen Nettoleistungen so gewöhnt, dass diese „keiner Rede mehr wert" sind? Oder ist es nur ganz einfach politisch peinlich, den Steuerzahler noch einmal darauf zu stoßen, dass bereits gerade in diese Richtung viele Milliarden geflossen sind und möglicherweise weiter fließen werden? Oder werden diese Milliarden eben nur „ganz schlicht" vergessen?

Es kann, wenn man das bisherige Ergebnis in aller Ruhe auf sich wirken lässt, schwerlich bestritten werden, dass die Umverteilung von den Nettozahlern zu den Nettoempfängern über den gesamten Zeitraum hinweg zugunsten der Nettoempfänger vorzüglich funktioniert hat. Natürlich haben sich die 287,0 Milliarden, von denen weiter oben schon die Rede war, erst allmählich angesammelt, aber es waren keine Kredite, die irgendwann einmal hätten zurückgezahlt werden müssen, sondern es waren daran gemessen sozusagen „arbeitslose Einkommen".

Um diese *bereits geflossenen* Milliarden den *möglichen* Milliarden aus den Kredithilfen gegenüberstellen zu können, ist es zweckmäßig, den Wert der geflossenen Milliarden auf den Zeitpunkt, zu dem die Kredithilfen beschlossen wurden, anzuheben, also für das Frühjahr 2010 festzustellen, was die geflossenen Milliarden zu diesem Zeitpunkt unter Berücksichtigung der bis dahin eingetretenen Preissteigerungen bedeuteten. So muss beispielsweise eine Milliarde, die vor 10 Jahren als Nettoleistung gewährt wurde, rechnerisch auf 1,5 Milliarden angehoben werden, wenn das Preisniveau vom damaligen Zeitpunkt ab bis zum Frühjahr 2010 um 50 Prozent gestiegen ist, und man sagen will, welcher Geldbetrag heute benötigt wird, um die gleiche Gütermenge kaufen zu können, wie vor 10 Jahren mit einer Milliarde. Diesem Beispiel folgend muss der Wert sämtlicher seit 1976 geflossener Nettoleistungen entsprechend den inzwischen eingetretenen Preisniveauerhöhungen „in den Preisen des Frühjahrs 2010" ausgedrückt werden.

Allerdings soll mit einer Vereinfachung gearbeitet werden. Anstelle einer detaillierten Hochrechnung aller einzelnen Nettoleistungen von 1976 ab auf das Preisniveau des Jahres 2010 soll eine Schätzung genügen. Es soll für die von 1976 bis 2008 insgesamt geflossenen Milliarden in einer vorsichtigen Schätzung eine *durchschnittliche* Preisniveauerhöhung von 50 Prozent bis zum Jahr 2010 angenommen werden.

Damit erhöhen sich, wenn wir uns nun wieder den in Tabelle 6 erfassten Nettoleistungen der vier Dauer-Nettoempfänger zuwenden, die in Zeile 3 genannten Werte um 50 Prozent auf die *in Zeile 4* genannten Werte: *Diese* Nettoleistungen haben die einzelnen Nettoempfänger in Preisen des Frühjahrs 2010 gerechnet *schätzungsweise* erhalten. Und die Summe der Nettoleistungen für alle vier Nettoempfänger zusammen erhöht sich von 287,0 Milliarden auf schätzungsweise 430,5 Milliarden. Natürlich ist das wegen der Schätzung eine „etwas unsichere Sache", aber die Beträge, um die es sich hier handelt, sind so hoch, dass infolge etwas anderer Schätzungen eintretende Abweichungen von den ausgewiesenen Werten um „ein paar Milliarden nach oben oder unten" an den weiteren Überlegungen nichts Grundsätzliches ändern würden.

Diese teilweise geschätzten, bereits geflossenen 430,5 Milliarden werden nun durch die möglichen Milliarden aus den Kredithilfen in Höhe von 860,0 Milliarden ergänzt – zumindest in Form von „Regenschirmen". Das sollen wir uns so vorstellen: Das ganze durch Haftungen abgesicherte Volumen möglicher Kredite ist benannt worden, um den Euro zu stabilisieren, aber es könne davon ausgegangen werden, dass dieses Volumen nicht ausgeschöpft wird. Wenn diese Annahme richtig ist, dann ist darin zugleich impliziert, dass für die bisherigen Dauer-Nettoempfänger genügend Spielraum für durch Haftungssummen abgesicherte Kredite vorhanden ist, und dies selbst dann, wenn auch andere Mitgliedstaaten sich als mögliche Kreditnehmer in den Rettungsschirmen auffangen lassen wollen. Diese Möglichkeit ist ja einkalkuliert, weil die Rettungsschirme für alle Mitgliedstaaten der Eurozone aufgespannt worden sind.

Die Nettoleistungen reichten nicht aus

Gelegentlich bin ich schon, wenn auch nur „entre nous", dem Sinne nach gefragt worden, was denn diese Dauer-Nettoempfänger mit den vielen Milliarden „eigentlich" gemacht haben, wenn sie jetzt mehr oder weniger große Schwierigkeiten haben, die öffentlichen Schulden zu finanzieren. Ob nicht öffentliches „Haushalten", wie es der Name doch so schön ausdrücke, auch etwas mit öffentlicher Vorsorge zu tun habe, zumal mit den Nettoleistungen doch netto so einiges hereingekommen sei und immer noch hereinkomme. Hätte man sich dann nicht „die ganze Hektik mit den Rettungsschirmen" sparen können?

Es ist klar, dass diese Fragen mit ein paar Sätzen gar nicht befriedigend zu beantworten sind und nach den betreffenden Mitgliedstaaten differenziert beantwortet werden müssten. Für jeden wäre ein eigenes Gutachten angemessen.

Stattdessen kann hier nur mit „ein paar nackten Zahlen" geantwortet werden, indem gesagt wird, was – bei welchen sonstigen Bedingungen auch immer – offensichtlich *nicht gereicht* hat, um die betreffenden Nettoempfänger nach Auffassung der Europapolitiker im Interesse der „Stabilisierung des Euro" ohne Kredithilfen und ergänzende Maßnahmen ihrerseits hinreichend zu stabilisieren. *Nicht gereicht* haben offensichtlich die mit den Preisen des Jahres 2010 bewerteten, in Tab. 6, Zeile 4, genannten, teilweise geschätzten Milliarden, also auch die Summe von 430,5 Milliarden nicht. Ergänzend muss bedacht werden, dass 2009 und in den ersten Monaten von 2010 bereits weitere Milliarden an Nettoleistungen geflossen sind; aber da die in Zeile 4 genannten Zahlen teilweise geschätzt, also insoweit unsicher sind, soll unterstellt werden, dass die zusätzlich geflossenen Milliarden damit bereits erfasst sind.

Der Zahlmeister Deutschland und Griechenland

Was den Zahlmeister Deutschland betrifft, ist für ihn zunächst einmal festzuhalten, wie hoch seine Beteiligung an den Nettoleistungen ist, nachdem diese auf dem Wege einer Schätzung um 50 Prozent angehoben worden sind. Zu den in Tab. 6, Zeile 7, genannten Beteiligungen Deutschlands an den Nettoleistungen werden in der Zeile 8 die dazugehörigen um 50 Prozent erhöhten Werte ausgewiesen. Die über die Nettobeiträge bewirkte finanzielle Beteiligung Deutschlands an Griechenland beträgt demnach einschließlich des geschätzten Aufschlags 69,0 Milliarden. Diese machen von den (ebenfalls teilweise geschätzten) 133,5 Milliarden an Nettoleistungen, die Griechenland insgesamt erhaltern hat (Zeile 4), 51,7 Prozent aus. (Die *prozentualen* Anteile, die auf den Zahlmeister entfallen, sind *nach* der Schätzung die gleichen wie *vor* der Schätzung, weil die Nettoleistungen insgesamt einerseits und der jeweilige deutsche Anteil daran andererseits infolge der Schätzung um den gleichen Prozentsatz angehoben worden sind).

Die weitere Entwicklung der deutschen Beteiligung an der finanziellen Unterstützung Griechenlands hängt bei der gegenwärtigen Beschlusslage von zwei Faktoren ab. Auf der einen Seite davon, in welchem Umfang Deutschland mit seinen Nettobeiträgen an der Finanzierung der weiteren Nettoleistungen an Griechenland beteiligt sein wird, die allerdings schon seit 2009 weiterlaufen (Zur Analyse für die ersten fünf Jahre der EU-25/27 vgl. Kap. 5). Auf der anderen Seite ist entscheidend, wie Deutschland in die im Mai 2010 für Griechenland beschlossenen Kredithilfen eingebunden ist, die sich, wie schon weiter oben erwähnt wurde, auf 110, 0 Milliarden (80,0 + 30,0) belaufen.

Soweit es sich im Rahmen der im Mai 2010 beschlossenen Griechenland-Hilfe um direkte Kredite an Griechenland handelt, liegen diese auf einer anderen Ebene als die Beteiligungen an der Finanzierung der Nettoleistungen. Nur die letzteren sind „endgültige" Zahlungen an Griechenland und sind insoweit günstiger als eine Kredithilfe, während umgekehrt die Kredite in spezifisch dringlichen Situationen bewilligt und dem Umfang nach gegenüber den Nettoleistungen, wenigstens kurzfristig, vorteilhafter sein können.

Auch die zusammen mit den Kredithilfen akzeptierten Haftungssummen liegen zunächst auf einer anderen Ebene als die Nettoleistungen. Für Deutschland ergab sich im Mai 2010 im Falle Griechenlands eine Haftungssumme von 24,1 Milliarden – 22,3 Milliarden im Rahmen der von den Mitgliedstaaten der Eurozone gewährten Kredithilfe und 1,8 Milliarden indirekt über die IWF-Kredithilfe. Solange die Haftungssumme zunächst einmal die Funktion hat, „Finanzmärkte zu beruhigen" und dem Begünstigten, hier Griechenland, bessere Chancen zu bieten, Schuldverschreibungen auf dem Kapitalmarkt unterzubringen, stellt allein die Bereitschaft zur Haftung bereits eine Unterstützung Griechenlands dar.

Das verstärkt sich spürbar, wenn aus der Haftungssumme einzelne Beträge zur Zahlung fällig werden sollten. Ohne auf die ganze Problematik einer möglichen Fehlsteuerung von Kapitalanlagen durch die Existenz von Haftungssummen eingehen zu können, genügt für uns hier die Feststellung: Sobald Haftungsbeträge zur Zahlung fällig werden, haben sie prinzipiell die gleiche Funktion wie Nettoleistungen. Denn durch sie wird der Begünstigte *auf die Dauer* finanziell entlastet. Deshalb können wir, was Griechenland betrifft, sagen, dass Beträge, die aus der seit Mai 2010 geltenden Haftungssumme fällig werden, auf die zu diesem Zeitpunkt ermittelten Nettobeiträge „draufgesattelt" werden können.

Für Deutschland steigt in solchen Fällen die Griechenland gewährte finanzielle Dauerhilfe über die (teilweise geschätzten) 69,0 Milliarden hinaus an. Im für Deutschland ungünstigsten Fall würde das die ganze Haftungssumme in Höhe von 24,1 Milliarden sein, sodass dann die von Deutschland gewährte finanzielle Hilfe auf 93,1 Milliarden steigen würde – abgesehen von den seit 2009 bereits weiter laufenden Beteiligungen an den Nettoleistungen und weiteren indirekt wirkenden Haftungen (beispielsweise über die Aktivitäten der EZB).

Sie werden vielleicht fragen, warum ich hier so intensiv „nachgehakt" habe. Der Grund ist ganz einfach der: Wenn griechische Politiker glauben, sie sollten auf Deutschland wegen mangelnder Solidarität „herumhacken" und auf weiteren Reparationen aus dem Zweiten Weltkrieg bestehen, dann ist es an der Zeit, zumindest die finanzielle Karte zu spielen, frisch gedruckt und ungezinkt.[22] Allerdings wird mit einer solchen Auseinandersetzung ein tiefergehendes Problem berührt. Welche Art von Integration soll denn nun in Europa gelten? Darf Deutschland weiterhin den Zahlmeister spielen, aber ansonsten gilt „wehe dem"? Soll das tatsächlich weiterhin das „Modell" für die europäische Integration sein?

Der Zahlmeister Deutschland und die vier Dauer-Nettoempfänger

Wie aus Tab. 6 ebenfalls abgelesen werden kann, ist Deutschland an den (teilweise geschätzten) 430,5 Milliarden an Nettoleistungen, die die vier Dauer-Nettoempfänger zusammen erhalten haben (Zeile 4), mit 226,5 Milliarden und damit 52,6 Prozent beteiligt (Zeile 8). Fragen wir nun, was auf den Zahlmeister Deutschland durch die im Frühjahr 2010 beschlossenen Kredithilfen sonst noch zukommen könnte.

Die Deutschland zugewiesenen Haftungssummen bestimmen den Rahmen für mögliche zusätzliche finanzielle Belastungen. Von den Kredithilfen in Höhe von 580,0 Milliarden, die von der EU und den Mitgliedern der Eurozone unmittelbar bereitgestellt worden sind, entfällt auf Deutschland eine Haftungssumme von rund 180,0 Milliarden (einschließlich der gegenüber Griechenland). Und an den vom IWF eingeräumten Kredithilfen in Höhe von 280,0 Milliarden ist Deutschland mit einer Haftungssumme von rund 17,0 Milliarden beteiligt. Insgesamt beträgt also der Rahmen für zusätzliche Belastungen Deutschlands 197,0 Milliarden (von möglichen Belastungen infolge der Aktivitäten der EZB noch ganz abgesehen).

Von den verantwortlichen Politikern wurde allerdings, wie schon erwähnt, sogleich beteuert, dass die möglichen Kredithilfen und damit die Haftungssummen so hoch angesetzt worden seien, um die Finanzmärkte zu beruhigen, und man davon ausgehe, diese Beträge nicht in vollem Umfang zu benötigen. Aber eindeutig ausschließbar ist das nicht, weil ja offen ist, wann welche Finanzmärkte in welchem Umfang „beruhigt" werden müssen. Und ausschließbar ist auch nicht, dass es zunächst einmal *die vier bisherigen* Dauer-Nettoempfänger sein werden, die die möglichen Kredithilfen in Anspruch nehmen und für die im Anschluss daran gegebenenfalls Haftungssummen fällig werden. Die dann von Deutschland einzulösenden Haftungssummen sind dann als *zusätzliche* finanzielle Hilfen für die vier Dauer-Nettoempfänger einzustufen.

Zusammenfassend kann die Situation so beschrieben werden: Die vier Dauer-Nettoempfänger haben bis zum Frühjahr 2010 von Deutschland eine (teilweise geschätzte) Summe von 226,5 Milliarden erhalten, zu der einerseits infolge der weiter fließenden Nettoleistungen weitere Beträge hinzukommen, solange diese Mitgliedstaaten den Status eines Nettoempfängers behalten. Andererseits können in einem gegenwärtig noch schwer abschätzbaren Umfang und in unregelmäßigen Abständen fällig werdende Haftungssummen zu weiteren Belastungen führen. Im Extremfall könnten es – bei der gegenwärtigen Beschlusslage – nochmals 197,0 Milliarden sein.

Wie lange noch am Dauertropf?

Im Folgenden soll es nochmals ausschließlich um die Nettoleistungen gehen. Und um den Zusammenhang zu all den anderen Analysen in den anderen Kapiteln aufrechtzuerhalten, ist es notwendig, zu den *noch nicht* auf das Preisniveau von 2010 hochgerechneten Zahlen zurückzukehren, also zu den in Tab. 6 für Irland, Griechenland, Spanien und Portugal bis 2008 genannten Nettoleistungen in den Zeilen 1 bis 3.

Die den vier Nettoempfängern gewährten Nettoleistungen sind im Übrigen *auch ohne* eine Hochrechnung auf das gegenwärtige Preisniveau beeindruckend genug, sodass man sich schon vor Jahren, als die gegenwärtigen Haushaltsprobleme noch nicht so virulent waren, fragen konnte: „Wann endlich" ist eine hinreichende Förderung des Wohlstandsniveaus in den begünstigten Mitgliedstaaten erreicht, „wann endlich" kann die Gewährung von Nettoleistungen seitens der EU eingestellt werden? Diese Frage ist von einem Nettozahler, wie Deutschland, mit besonderer Dringlichkeit zu stellen, der – wie in Tab. 6 festgehalten worden ist – von den (nicht hochgerechneten) 287,0 Milliarden, die die vier Nettoempfänger seit ihrer jeweiligen EU-Mitgliedschaft erhalten haben, 151,0 Milliarden getragen hat, also 52,6 Prozent. Konnte also nicht *schon vor Jahren* gefordert werden, diese vier Nettoempfänger „nun endlich" zu Nettozahlern zu machen?

Dem könnte man vielleicht entgegenhalten, für diese Mitgliedstaaten sei eben das angestrebte Ziel einer befriedigenden Anhebung des allgemeinen Wohlstands „noch nicht so richtig" erreicht worden. Doch Vorsicht: nach – sagen wir – rund 20 Jahren einer milliardenschweren Netto-Förderung immer noch nicht? Wäre das nicht ein Zeichen dafür, dass die Europäische Kommission einen mehr oder weniger großen Teil ihrer operativen Ausgaben „in den Sand gesetzt" hat? Und wenn ja, warum? Wollte sie nicht oder konnte sie nicht hinreichend kontrollieren, was die Empfängerstaaten mit diesen Milliarden gemacht haben? Ob nun dies oder jenes gilt, in jedem Fall muss daraus wohl die Konsequenz gezogen werden, dass es so nicht weitergehen kann.

Nun gibt es gewisse Anzeichen dafür, dass die Europäische Kommission die Nettoleistungen für die bisherigen Dauer-Nettoempfänger möglicherweise zurückfahren will.

In den Jahren 2007 und 2008 jedenfalls betrugen die Nettoleistungen für *Irland* nur noch 619,0 bzw. 513,0 Mio. EUR, und sanken damit für Irland erstmals seit 1984 wieder unter die Milliarden-Grenze. Für *Spanien* gilt etwas Ähnliches, nur auf einem höheren Niveau. 1995 schnellte die Nettoleistung für Spanien – von

3,6 Mrd. EUR im Jahr zuvor – auf 7,7 Mrd. hoch, verharrte jahrelang in diesem Bereich und erreichte 2002 die Rekordmarke von
8,9 Mrd. Im Jahr 2006 begann dann mit 3,8 Mrd. der Abstieg, auf
dessen noch kurzem Weg 2008 die Marke von 2,5 Mrd. erreicht
wurde.

Für *Portugals* Nettoleistungen ist dergleichen allerdings nicht
zu berichten. Sie schwankten seit 1992 (mit einigen kleineren Aus-
reißern) um die 2,8 Mrd. herum und blieben 2007 und 2008
mit 2,4 und 2,6 Mrd. im gleichen Bereich. Damit bekommt die
(bisher zweifellos nur vage) Vorstellung, die Europäische Kommission könnte die Nettoleistungen der bisherigen Dauer-Nettoempfänger nachhaltig drücken und schließlich beseitigen wollen,
einen Dämpfer. Das gilt erst recht, wenn die Nettoleistungen für
Griechenland einbezogen werden. Nachdem diese 1992 erstmals
3,6 Mrd. EUR erreicht hatten, schwankten sie um die 4,0 Mrd. pro
Jahr und begannen 2006 mit 5,1 Mrd. einen Aufstieg bis zu
6,2 Mrd. im Jahr 2008.

Also bleibt es dann doch eher bei der Frage, wie lange noch sollen die bisherigen Dauer-Nettoempfänger diesen Status behalten?
„Von Ewigkeit zu Ewigkeit"?

Haushaltslöcher stopfen als neues Ziel?

In Anbetracht der neueren Entwicklung kommt dem Beobachter
der relativ hohen Nettoleistungen, die Griechenland in den letzten
Jahren erhielt, noch ein anderer Gedanke. Könnte es sein, dass hinter diesen Nettoleistungen nunmehr das Ziel der Europäischen
Kommission steckt, beim Stopfen von Haushaltslöchern ein bisschen behilflich sein zu wollen? Und wenn sich dieses Ziel weiter
durchsetzen würde, könnte das die Nettoleistungen wieder allgemein steigen lassen. Hier von einem „Paradigmenwechsel" zu sprechen, wäre mir zu gestelzt. Müsste man dann nicht ganz einfach
von einer seitens der EU betriebenen, missbräuchlichen Ausnutzung der Solidarität der Nettozahler sprechen?

Denn eines ist ja wohl klar: Wie wir spätestens aus der Pisa-Studie des Lehrers mit seinen 27 Schulkindern wissen, ist die Summe der Nettoleistungen gleich der Summe der Nettobeiträge (vgl. nochmals Tab. 1, Sp. 5). Deshalb ist gesichert, dass es dann die *Nettozahler* sind, die diese von der EU betriebene Variante des Stopfens von Haushaltslöchern in *vollem* Umfang *allein* über ihre Nettobeiträge tragen müssten. Sozusagen „auf kaltem Wege", ungefragt, ohne parlamentarische Kontrolle und ohne eine zusätzliche Belastung des EU-Haushalts.

Dieser Sachverhalt geht jeden Nettozahler etwas an, ist aber ein besonders alarmierender Gedanke für einen Nettozahler wie Deutschland, der bisher an der Finanzierung der den Dauer-Nettoempfängern gewährten Nettoleistungen seit deren EU-Mitgliedschaft in hohem Maße beteiligt war. Alarmierend vor allen Dingen dann, solange man nicht sicher sein kann, ob die deutschen Politiker willens und fähig sind, der einseitigen Dauerbelastung Deutschlands als Nettozahler endlich einen Riegel vorzuschieben. Um dieses Thema, in größere Zusammenhänge gestellt, muss es jetzt noch gehen.

Kapitel 7

Das unterschiedliche Los der Nettozahler: Die EU seit der Osterweiterung als Beispiel

Die Bereitschaft der Nettozahler, sich gegenüber den Nettoempfängern solidarisch zu verhalten, kann angesichts der zu beobachtenden hohen Umverteilungssummen zugunsten der Nettoempfänger schwerlich bestritten werden. Was dann noch bleibt, ist die Frage, in welchem Umfang sich die *Nettozahler untereinander solidarisch* verhalten haben.

Tatsächliche und angemessene Nettobeiträge

Die Europäische Union hat gerade in den letzten Jahren mehrfach von der Möglichkeit Gebrauch gemacht, die Höhe der nationalen Beiträge durch Umverteilungen zwischen den Mitgliedstaaten zu beeinflussen, um dadurch die Nettobeiträge in bestimmten Richtungen zu beeinflussen (was in den Kapiteln 1 und 2 für 2008 besprochen worden ist). Aber eine *genaue* Bestimmung der *allen* Nettozahlern *gleichzeitig zuzumutenden* Nettobeiträge konnte dadurch *nicht* zustande kommen.

Das galt nicht nur für 2008, sondern ebenso für die Nettobeiträge, die den Nettozahlern in den ersten fünf Jahren der EU-25/27 abverlangt wurden: Die im Kapitel 5, Tab. 5 genannte prozentuale Verteilung der tatsächlichen Nettobeiträge, die von 33,4 Prozent für Deutschland bis zu 0,4 Prozent für Luxemburg reichte, *beruhte nicht auf einer konsequenten Konzeption.* Mit anderen Worten, hinter dieser Verteilung der tatsächlichen Nettobeiträge stand keine „Idee" einer *alle* Nettozahler in *gleicher* Solidarität verknüpfenden Regelung.

Demgegenüber verfolgt die *Konzeption der angemessenen Nettobeiträge* das Ziel einer – *simultan* bestimmten – solidarischen Verteilung der Nettobeiträge auf die Nettozahler.[23] Die mithilfe dieser Konzeption bestimmten angemessenen Nettobeiträge können anschließend zur *Beurteilung* der tatsächlichen Verteilung der Nettobeiträge verwendet werden. Dies soll im Folgenden für die EU-25/27 geschehen. Dazu werden die in der Tab. 5 genannten Nettobeiträge in die Tab. 7, Sp. 1 als die *tatsächlichen* Nettobeiträge eingetragen, denen für den gleichen Zeitraum die *angemessenen* Nettobeiträge in Sp. 2 gegenübergestellt werden müssen.

Tabelle 7: **Ungerechte Verteilung der Nettobeiträge**

– 2004 bis 2008 –

Netto-zahler	1 Tatsächliche Nettobeiträge	2 Angemessene Nettobeiträge	Dem einzelnen Nettozahler			
			3 zu viel zugemutet (+)	4 zu wenig zugemutet (–)	5 (+)	6 (–)
	Millionen EUR				%	%
DE	–33.887,4	–25.529,0	8.358,4		57,7	
FR	–16.942,5	–19.570,5		–2.628,0		18,1
UK	–12.238,4	–20.338,6		–8.100,2		55,9
IT	–13.994,0	–15.899,5		–1.905,5		13,2
NL	–10.576,5	–5.880,8	4.695,7		32,4	
BE	–3.658,1	–3.451,7	206,4		1,4	
SE	–4.494,2	–3.403,8	1.090,4		7,5	
AT	–1.831,4	–2.764,9		–933,5		6,4
DK	–2.294,0	–2.380,9		–86,9		0,6
FI	–1.001,9	–1.827,5		–825,6		5,7
LU	–420,3	–290,6	129,7		0,9	
Insg.	**–101.338,7**	**–101.337,8**	**14.480,6**	**–14.479,7**	**100**	**100**

Sp. 1: Zahlen identisch mit denen in Tab. 5, Sp. 1.
Eigene Berechnungen; Rundungsdifferenzen.

Zur Bestimmung der angemessenen Nettobeiträge wird vom *Prinzip der Gleichbehandlung* der Nettozahler ausgegangen. Das nach einheitlichen Kriterien definierte Bruttonationaleinkommen der einzelnen Nettozahler wird als allgemeiner Wohlstandsindikator zur Bemessungsgrundlage der Nettobeiträge gemacht. Darauf bezogen soll im Sinne der Konzeption jeder Nettozahler den *gleichen prozentualen* Anteil als Nettobeitrag tragen. Für die ersten fünf Jahre der EU-25/27 galt ein Prozentsatz von 0,21605.[24] Diese für alle Nettozahler gleichzeitig bestimmten, prozentual gleichen Nettobeiträge bezeichne ich als „angemessene" Nettobeiträge. Und erst wenn die Nettozahler die angemessenen Nettobeiträge akzeptieren, erreichen sie untereinander den Grad an Solidarität, der hier als „Standard" gelten soll.

Die für den fünfjährigen Zeitraum geltenden angemessenen Nettobeiträge sind in Tab. 7, Sp. 2, eingetragen worden. Die angemessenen Nettobeiträge machen politische Korrekturen an den nationalen Beiträgen (im Sinne des Kapitels 2) nicht nur überflüssig, sondern solche Korrekturen wären sogar sinnwidrig, da der erwünschte Standard an Solidarität mit den angemessenen Nettobeiträgen ja erreicht ist.

Zu diesem Standard gehört (gemäß Sp. 2) auch, dass die vier „großen" Nettozahler – gestaffelt nach der Höhe der Bruttonationaleinkommen – mit den angemessenen Nettobeiträgen dichter zusammenrücken, wenn man die angemessenen Nettobeiträge mit den tatsächlichen vergleicht. Außerdem entsteht jetzt von Italien aus betrachtet ein deutlicher Abstand zur Gruppe der von den Niederlanden angeführten Nettozahler, wobei auch in dieser Gruppe die angemessenen Nettobeiträge im Vergleich zu den tatsächlichen nach der Größe der Bruttonationaleinkommen gestaffelt werden.

Zu viel und zu wenig zugemutete Nettobeiträge

Die Nettozahler werden durch die Formulierung angemessener Nettobeiträge in zwei Belastungsgruppen aufgeteilt, wenn man die Differenzen zwischen den tatsächlichen und angemessenen Nettobeiträgen (Sp. 1 abzüglich Sp. 2) in die Spalten 3 und 4 der Tab. 7 einträgt.

Auf der einen Seite, in Sp. 3, stehen diejenigen Nettozahler, die tatsächliche Nettobeiträge zu tragen hatten, die *höher* waren als die, die angemessen gewesen wären; es sind die Nettozahler, denen gemessen an ihren Bruttonationaleinkommen *zu viel* an Nettobeiträgen zugemutet worden ist: fünf Nettozahler mit Deutschland an der Spitze. Auf der anderen Seite, in Sp. 4, stehen die Nettozahler, die mit tatsächlichen Nettobeiträgen davon kamen, die *niedriger* waren als die, die angemessen gewesen wären; es sind die Nettozahler, denen entsprechend *zu wenig* an Nettobeiträgen zugemutet worden ist: sechs Nettozahler mit Großbritannien an der Spitze.

Zufälligerweise hätte es natürlich bei einzelnen Nettozahlern sein können, dass der tatsächliche Nettobeitrag *gleich* dem angemessenen gewesen wäre, wie dies bei Dänemark mit einem relativ geringen Differenzbetrag von 86,9 Mio. EUR „beinahe" der Fall war. Aber de facto stehen hier fünf Nettozahler mit zu hoher Belastung sechs anderen Nettozahlern mit zu geringer Belastung gegenüber.

Die Lastenverschiebung zwischen den Nettozahlern

Die Summe der zu hohen Belastungen ist gleich der Summe der zu geringen Belastungen, nämlich 14.480,0 Mio. EUR, wie die Summenzeilen der Spalten 3 und 4 zeigen.[25] In diesem Umfang ist demnach *in den tatsächlichen* Nettobeiträgen eine *Umverteilung* im Sinne einer *Lastenverschiebung* zwischen den Nettozahlern *enthalten*, die erst durch die Formulierung der angemessenen Nettobeiträge *sichtbar* gemacht wird: Die eine Gruppe von Nettozahlern (Sp. 3) muss zusammen 14,5 Mrd. *zusätzlich* tragen, die „eigentlich", nämlich bei Anwendung des Prinzips der Gleichbehandlung der Nettozahler (im oben definierten Sinne), von der anderen Gruppe (Sp. 4) hätte zusätzlich getragen werden müssen. Immerhin eine Lastenverschiebung von den Nettozahlern in Sp. 4 zu denen in Sp. 3 in Höhe von 14,5 Mrd. in einem Zeitraum von fünf Jahren, groß genug, um von einem – in den tatsächlichen Nettobeiträgen enthaltenen – eindeutigen Solidaritätsdefizit unter den Nettozahlern sprechen zu können.

Betrachten wir nun kurz die Gruppe der Nettozahler, denen mit der gegebenen Höhe der tatsächlichen Nettobeiträge *zu viel* zugemutet wurde. Auf Deutschland, wiederum als Zahlmeister mit der absolut und prozentual höchsten Belastung, entfallen mit 8,4 Mrd. nicht weniger als 57,7 Prozent der zu viel zugemuteten Summe (Sp. 3. u. 5). Dem folgen die Niederlande mit 32,4 und Schweden mit 7,5 Prozent.

Sozusagen auf den zweiten Blick erkennt man auch eine relativ starke Belastung der Niederlande in anderer Hinsicht, denn der den Niederlanden zu viel zugemutete Betrag in Höhe von 4,7 Mrd. EUR macht 80 Prozent der den Niederlanden angemessenen 5,9 Mrd. aus, während für Deutschland die zu viel zugemuteten 8,4 Mrd. „nur" 33 Prozent der angemessenen 25,5 Mrd. ausmachen. Analoges gilt für Schweden: der zu viel zugemutete Betrag in Höhe von 1,1 Mrd. beträgt 32 Prozent des angemessenen in Höhe von 3,4 Mrd. EUR.

Innerhalb der Gruppe der Nettozahler, denen mit den tatsächlichen Nettobeiträgen *zu wenig* zugemutet wurde, fallen die drei verbleibenden großen Nettozahler, also Frankreich, Großbritannien und Italien, als die vornehmlich Begünstigten besonders auf. Mit zusammen 12,6 Mrd. EUR (Sp. 4) entfallen auf sie nicht weniger als 87,2 Prozent der zu wenig zugemuteten Nettobeiträge (Sp. 6), also von dem, was sie „eigentlich" hätten tragen müssen. Dies wurde aber zu ihren Gunsten auf andere Nettozahler abgewälzt. Dabei war die immer noch betriebene Politik der leeren Handtasche eine gute Voraussetzung dafür, dass unter diesen drei Begünstigten Großbritannien mit einer Entlastung von 8,1 Mrd. EUR und damit 55,9 Prozent der insgesamt zu wenig zugemuteten Nettobeiträge ganz eindeutig an erster Stelle stand (Sp. 4 und 6). Denn der Großbritannien gewährte UK-Abschlag drückt, wie wir im zweiten Kapitel gesehen haben, bereits merklich den nationalen Beitrag Großbritanniens.

Zusammenfassend fragt man sich dann doch schon, wo eigentlich geschrieben steht, es sei in Ordnung, dass in den ersten fünf Jahren nach der Osterweiterung die Steuerzahler in Deutschland und in den Niederlanden zusammen 13,0 Mrd. EUR zusätzlich tragen mussten, während den Steuerzahlern in Frankreich, Großbritannien und Italien zusammen 12,6 Mrd. EUR zu wenig zugemutet wurden. Auf diese Frage werde ich später in größerem Zusammenhang zurückkommen (Kapitel 9 und 10).

Kapitel 8

Deutschland als Nettozahler
seit der Wiedervereinigung

Die Geschichte Deutschlands als Nettozahler reicht zwar weit in die Zeit *vor* 1991 zurück, aber die Zäsur, die durch die deutsche Wiedervereinigung eintrat, war doch so groß, dass von diesem Zeitpunkt ab ein eigenständiger Überblick über 18 Jahre deutscher Nettobeiträge gerechtfertigt werden kann. Dies soll in zwei Schritten geschehen.

Zunächst soll der Schwerpunkt auf der *Entwicklung* der deutschen Nettobeiträge von diesem Zeitpunkt ab liegen (in diesem Kapitel), dann soll *für den Gesamtzeitraum* von 1991 bis 2008 gefragt werden, welche Nettobeiträge Deutschland im Vergleich zu den anderen Nettozahlern stemmen musste (Kap. 9). Bei beiden Schritten geht es nicht nur um die tatsächlichen, sondern auch um die angemessenen Nettobeiträge. Damit wird das, was wir uns zuvor für die Europäische Union nach der Osterweiterung bezüglich der Zusammenhänge zwischen den tatsächlichen und angemessenen Nettobeiträgen klar gemacht haben, in den größeren Zeitraum von 1991 bis 2008 eingebracht werden.

Die Entwicklung der deutschen Nettobeiträge seit der Wiedervereinigung soll in die drei Phasen zusammengefasst werden, die sich durch den Beitritt neuer Staaten zur EU unterscheiden lassen.

In den letzten Jahren der EU-12

Die ersten vier Jahre nach der Wiedervereinigung, die zugleich die letzten Jahre der EU-12 waren, kann man, was die Gruppe der Nettozahler betrifft, als eine „unruhige Zeit" bezeichnen. 1991 gab es nur vier Nettozahler (DE, FR, IT, LU). Großbritannien fiel wegen der Verrechnung mit bisherigen, wohl vorläufigen UK-Abschlägen in jenem Jahr als Nettozahler aus, was sich 1994 wiederholte. Die Niederlande, zunächst Nettoempfänger, wurden 1993 erstmals Nettozahler und dann auf Dauer. Belgien, ebenfalls zunächst Nettoempfänger, wurde erstmals 1994 vorübergehend Nettozahler. Bei derartigen Ereignissen erwartet man vielleicht, dass bei dem einen oder anderem Nettozahler dieser Jahre vielleicht einmal „zufällig" ein relativ hoher Nettobeitrag zustande kommen konnte. Aber nach einem derartigen Zufall sieht die tatsächliche Entwicklung der deutschen Nettobeiträge nicht aus.

Die Deutschland abverlangten tatsächlichen Nettobeiträge stiegen ab 1991 permanent an, sodass nach vier Jahren insgesamt 35,4 Mrd. ECU erreicht wurden (Tab. 8, Sp. 1). Das waren 73,7 Prozent der von allen Nettozahlern in diesem Zeitraum getragenen Nettobeiträge in Höhe von 48,0 Mrd. ECU (Tab. 8, Sp. 2). Im Vergleich dazu kamen die drei anderen großen Mitgliedstaaten (FR, UK, IT) zusammen auf 11,8 Mrd. ECU tatsächlicher Nettobeiträge, das waren 24,6 Prozent der 48,0 Mrd. ECU. Demnach entfiel auf Deutschland mit den 35,4 Milliarden das *Dreifache* dessen, was *die drei anderen* großen Mitgliedstaaten *zusammen* zu schultern hatten.[26]

Sofern es keine Absprachen zu den Nettobeiträgen gegeben haben sollte, muss man bedenken, dass oft – wie bei der Bildung von Kartellen – bereits ein stillschweigendes Einverständnis genügt, so möglicherweise auch hier: Durch eine sich mehrfach in ähnlicher Weise wiederholende Verteilung der operativen Ausgaben seitens der Europäischen Kommission spielte sich bei den Nettobeiträgen eine Belastungsstruktur ein, die von den betroffenen Mitgliedstaaten „ohne großen Kommentar" akzeptiert wurde. Vor allen Dingen diejenigen Mitgliedstaaten, die mit relativ geringen Belastungen davonkamen, sahen offensichtlich keinen Grund, sich zu beschweren. Im Falle Großbritanniens kam hinzu, dass die durchgesetzten UK-Abschläge auf die nationalen Beiträge die Nettobeiträge tendenziell drückten, und dies von Großbritannien nur noch mit Befriedigung zur Kenntnis genommen werden musste.

Tabelle 8: **Deutschland als Nettozahler 1991 bis 2008**

– ECU bis 1998; EUR ab 1999 –

Zeitabschnitte	1		2	3	4
	Tatsächliche Nettobeiträge			Angemessene Nettobeiträge	Zu viel zugemutete Nettobeiträge (+)
	Mio.ECU/EUR		%	Mio.ECU/EUR	
EU-12 1991–1994	−35.376,7		73,7	−18.647,6	16.727,1
EU-15 1995–2003	−76.711,7		53,6	−40.676,0	36.035,7
EU-25/27 2004–2008	−33.887,4		33,4	−25.529,0	8.358,4
1991–2008	**−145.975,8**		**49,9**	**−84.854,6**	**61.121,2**
1991–2008 in Mrd.	**−146,0**		**49,9**	**−84,9**	**61,1**

Sp. 2: Die Prozentsätze geben den Anteil des deutschen tatsächlichen Nettobeitrags an den gesamten tatsächlichen Nettobeiträgen aller Nettozahler des jeweiligen Zeitabschnitts an.

Quellen: Zu EU-12: Europäische Kommission, EU-Haushalt 2008. Finanzbericht, S. 98 ff. Eigene Berechnungen.
Zu EU-15: Willeke, Tatsächliche und angemessene Nettobeiträge, S. 16 ff.
Zu EU-25/27: s. o. Tab. 5.

Und Deutschland selbst? Da hatte doch einmal ein Bundeskanzler die Metapher vom „Zahlmeister" Europas verwendet, aber daraus keinen ernsthaften Widerstand gegen die relativ hohen deutschen Nettobeiträge abgeleitet. Deshalb dürften die anderen Mitgliedstaaten die Idee vom „Zahlmeister" eher mit Belustigung aufgenommen und als Zeichen dafür aufgefasst haben, dass auf deutscher Seite ein auf trockenem Humor begründetes hinreichendes Einverständnis vorliegt, so weiterzumachen.

Das Bemerkenswerte an den relativ hohen Nettobeiträgen Deutschlands in den Neunzigerjahren ist zweifellos die Tatsache, dass diese mit den sich bald nach der Wiedervereinigung abzeichnenden zusätzlichen internen finanziellen Belastungen Deutschlands zusammenfielen. Das hätte, so sollte man meinen, die deutschen Politiker wenigstens jetzt veranlassen müssen, eine Entlastung bei den Nettobeiträgen durchzusetzen. Machte ihnen nicht Großbritannien schon jahrelang vor, wie man mit einem „Ungleichgewicht" umgeht? Zumal es sich bei den durch die Wiedervereinigung für Deutschland zusätzlich ergebenden finanziellen Problemen – im Gegensatz zum britischen Ungleichgewicht – um ein „Ungleichgewicht" handelte, mit dem sonst keiner der anderen Mitgliedstaaten konfrontiert war.

Natürlich wäre die deutsche Aufgabe hier „heikel" gewesen. Denn wie sollten diejenigen ausländischen Politiker der mit uns doch so befreundeten Staaten, die sich vehement, wenn auch letztlich vergeblich, gegen eine Wiedervereinigung Deutschlands gewehrt hatten, davon überzeugt werden, dass Deutschland nun *gerade wegen* der Wiedervereinigung als Nettozahler *entlastet* werden müsste? Aber wäre es nicht die Aufgabe der deutscher Politiker gewesen, hier vorrangig deutsche Interessen auch dann durchzusetzen, wenn sie „heikel" sind? Und zeigten nicht die anderen großen Mitgliedstaaten, wie man bereits mit einer bloßen Akzeptanz einer relativ niedrigen Belastung mit Nettobeiträgen nationale Interessen befriedigen kann? Allerdings vor allen Dingen dann, wenn sich ein anderer Mitgliedstaat, nämlich Deutschland, gleichsam als „Kuh vom Dienst" in aller Ruhe melken lässt?

In den neun Jahren der EU-15

In den neun Jahren der EU der 15 Mitgliedstaaten änderte sich an der Belastung Deutschlands in absoluten Nettobeiträgen gerechnet wenig.[27] Insgesamt wurden es schließlich 76,7 Mrd. ECU/EUR (Tab. 8, Sp. 1).

Gleich 1995 stieg der deutsche Nettobeitrag auf über 11 Mrd. ECU und damit auf den höchsten jährlichen Nettobeitrag, den ein

Nettozahler bisher leisten musste. Aber auch in den folgenden Jahren blieb das Niveau der deutschen Nettobeiträge hoch. Während in den ersten vier Jahren nach der Wiedervereinigung der durchschnittliche Jahresbeitrag bei 8.840,0 Mio. gelegen hatte, betrug dieser in der Zeit von 1995 bis 2003 immerhin noch rund 8.520,0 Mio. ECU/EUR (wie aus Tab. 8, Sp. 1 unmittelbar abgeleitet werden kann).

Was sich jedoch merklich änderte, das war der *prozentuale* Anteil der deutschen Nettobeiträge an der Summe aller Nettobeiträge. Diese Summe belief sich in der EU-15 auf 143,1 Milliarden, von denen die schon genannten 76,7 Milliarden, die auf Deutschland entfielen, „nur" noch 53,6 Prozent ausmachten anstatt der 73,7 Prozent im vorausgegangenen Zeitabschnitt (Tab. 8, Sp. 2). Dieser prozentuale Rückgang ist auf zwei Sachverhalte zurückzuführen.

Auf der einen Seite wurden auch die drei anderen großen Mitgliedstaaten stärker zur Kasse gebeten als in den vier Jahren zuvor. Sie kamen bis Ende 2003 zusammen auf einen Nettobeitrag von 36,0 Milliarden, das waren „immerhin" 25,2 Prozent der 143,1 Milliarden. Allerdings wird damit zugleich auch klar, dass Deutschland immer noch etwas mehr als das *Doppelte dessen alleine* zu tragen hatte, was die drei anderen genannten *zusammen* tragen mussten.

Auf der anderen Seite wurde der prozentuale Anteil Deutschlands an den Nettobeiträgen auch dadurch gesenkt, dass in dieser Zeit einige andere Mitgliedstaaten ebenfalls zu größeren Nettozahlern „aufstiegen", insbesondere die Niederlande und mit Abstand Belgien, aber auch Schweden und Österreich, beides Staaten, die erst 1995 zu neuen Mitgliedern der EU geworden waren.[28]

In den 18 Jahren seit der Wiedervereinigung

Deutschlands Position als Nettozahler in den ersten fünf Jahren nach der Osterweiterung wurde bereits analysiert (Kap. 7), sodass das Ergebnis nur noch in die Tab. 8, Zeile 3 übernommen zu werden braucht, um es mit den Ergebnissen der beiden anderen Zeitabschnitte zu verknüpfen und zu vergleichen.

Nach der Osterweiterung sank der deutsche Nettobeitrag auf einen Jahresdurchschnitt von 6.777,0 Mio. EUR (aus Tab. 8, Sp. 1 unmittelbar ableitbar). Damit verbunden war ein weiterer Rückgang des prozentualen Anteils der deutschen Nettobeiträge an der Summe der Nettobeiträge. Denn gleichzeitig stiegen die Nettobeiträge der drei anderen großen Nettozahler so weit, dass sie – erstmals in der Geschichte der Nettobeiträge (!) – *wenigstens zusammen* den deutschen Nettobeitrag „überholten" (vgl. nochmals Tab. 7, Sp. 1). Und auch die übrigen Nettozahler brachten, wie sich zeigte, „einiges zusammen", sodass gleichzeitig mehrere Gründe den Anteil des deutschen Nettobeitrags an der Summe aller Nettobeiträge auf 33,4 Prozent drückte (Tab. 8, Sp. 2). Das war deutlich weniger als in den beiden Zeitabschnitten zuvor.

Tatsächliche und angemessene deutsche Nettobeiträge

Um die tatsächlichen Nettobeiträge der drei Zeitabschnitte *einheitlich zu bewerten*, muss die Konzeption der angemessenen Nettobeiträge, mit dessen Hilfe die Nettobeiträge nach der Osterweiterung bereits bewertet worden sind, auch auf die Zeitabschnitte davor angewendet werden. Die daraus für Deutschland ableitbaren angemessenen und zu viel zugemuteten Nettobeiträge werden in Tab. 8, Sp. 3 und 4, ausgewiesen. Da in allen drei Zeitabschnitten die tatsächlichen Nettobeiträge über den im jeweiligen Zeitabschnitt angemessenen Nettobeiträgen lagen, blieb stets ein mehr oder weniger großer „Rest" tatsächlicher Nettobeiträge, der eben nicht mehr angemessen war, also Deutschland zu viel zugemutet wurde.[29]

Für den Gesamtzeitraum seit der Wiedervereinigung kommen wir damit zu dem Ergebnis, dass von den 146,0 Milliarden, die Deutschland tatsächlich als Nettobeiträge zu tragen hatte, 84,9 Milliarden angemessen waren und 61,1 Milliarden zu viel zugemutet wurden. Eine umfassende Würdigung dieses Ergebnisses ist allerdings nur möglich, wenn man die deutschen Nettobeiträge im Zusammenhang mit den ebenfalls von 1991 bis 2008 angesammelten Nettobeiträgen der *anderen* Nettozahler sieht, worauf im folgenden Kapitel zurückzukommen sein wird.

Kapitel 9

Deutschland im Kreis aller Nettozahler und das große Solidaritätsdefizit

Betrachten wir die *tatsächlichen* Nettobeiträge zunächst *für sich*. Neben Deutschland waren es zehn weitere Mitgliedstaaten, die in der Zeit von 1991 bis 2008 als Nettozahler fungierten. Nicht für alle gilt dies für den gesamten Zeitraum Jahr für Jahr, aber sofern sie eine gewisse Zeit erst einmal Nettoempfänger waren (vgl. Kap. 6), waren sie doch, die 18 Jahre zusammenfassend, überwiegend Nettozahler. In diesem Sinne haben wir es also in den 18 Jahren seit der deutschen Wiedervereinigung mit elf Nettozahlern zu tun.

Die EU als reguläre Transferunion

Neben den 146,0 Milliarden deutscher Nettobeiträge haben im gleichen Zeitraum die anderen zehn Nettozahler zusammen noch einmal einen fast gleichhohen Betrag, nämlich 146,5 Milliarden, an Nettobeiträgen getragen. Die Position Deutschlands als Zahlmeister wurde dadurch zwar nicht erschüttert. Aber die damit von allen elf Nettozahlern zusammen geschulterten 292,5 Milliarden, die an die Nettoempfänger umverteilt wurden, sind beeindruckend genug, um die Europäische Union schon allein aus diesem Grund als „Transferunion" zu bezeichnen. Und da die Basis für diese Umverteilung die *regulären* finanziellen Beziehungen innerhalb der EU darstellen, ist es zulässig, insoweit von der EU als einer „regulären" Transferunion zu sprechen.

Einen Überblick über die EU als reguläre Transferunion soll uns die Tabelle 9 verschaffen. Dort sind die zuvor genannten Nettobeiträge in den oberen Teil der Sp. 1 eingetragen worden. Deren Verwendung zur Finanzierung der Nettoleistungen ist in den Spalten 2 bis 4 festgehalten worden.

Die durch die Umverteilung bevorzugte Stellung der Dauer-Nettoempfänger Irland, Griechenland, Spanien und Portugal wird hier erneut dokumentiert, indem einige der uns bekannten Informationen (aus Tab. 6) verwendet und mit einigen weiteren Daten kombiniert werden, die zeigen, welche Nettoleistungen die *anderen* Nettoempfänger erhalten haben. In den Jahren 1991 bis 2003 waren es die Nettoempfänger, die inzwischen zu Nettozahlern geworden sind (NL, BE, DK. FI), die zusammen 6,0 Milliarden erhielten. Entsprechend sind den durch die Osterweiterung hinzugekommenen zwölf Mitgliedstaaten in den ersten fünf Jahren zusammen 34,5 Milliarden als Nettoleistungen zugeflossen (vgl. auch Tab. 5). Im Ergebnis kommen die vier Dauer-Nettoempfänger mit den 252,0 Milliarden auf 86,2 Prozent der gesamten Umverteilungssumme in Höhe von 292,5 Milliarden.

Die Vorstellung, dass es sich hier um eine reguläre Transferunion handelt, wird durch zwei weitere Überlegungen gestützt.

Zunächst einmal hat eine Umverteilung zugunsten von Nettoempfängern schon vor 1991 stattgefunden. Von 1976 bis 1990 lag sie bei etwa 40,0 Mrd. ECU (für die Zeit davor reichen mir die Daten für eine Schätzung nicht aus). Somit kommen wir *für 1976 bis 2008* bei vorsichtiger Vorgehensweise schon auf eine Umverteilungssumme von 332,5 Milliarden (Tab. 9, Sp. 1)). Um auch hier die Dauer-Nettoempfänger nicht zu übersehen: Mit den (uns schon aus Tab. 6 bekannten) 287,0 Milliarden sind sie auch im größeren Zeitraum unverändert die von der Umverteilung besonders Gesegneten (Sp. 2); und das sind, wie sich jetzt bei gleichzeitiger Berücksichtigung der Nettoleistungen an die anderen Nettoempfänger (Sp. 3 und 4) zeigt, im Gewicht praktisch unverändert 86,3 Prozent. Irland, Griechenland, Spanien und Portugal bleiben als Gruppe die großen Gewinner der regulären Transferunion.

Tabelle 9: **Die EU als reguläre Transferunion 1976–1990, 1991–2008**

– Mrd. RE/ECU/EUR –

Nettozahler (NZ)	1	2	3	4
	Tatsächliche Nettobeiträge	Beteiligung der NZ an der Finanzierung der Nettoleistungen an …		
		IE, EL, ES, PT	Andere Nettoempfänger	
	1991–2008		1991–03	2004–08
Deutschland	−146,0	130,0	4,5	11,5
Alle anderen	−146,5	122,0	1,5	23,0
Alle NZ	−292,5	252,0	6,0	34,5
	1976–1990			
Deutschland	−24,0	21,0	3,0	–
Alle anderen	−16,0	14,0	2,0	–
Alle NZ	−40,0	35,0	5,0	–
	1976–2008			
Deutschland	−170,0	151,0	7,5	11,5
Alle anderen	−162,5	136,0	3,5	23,5
Alle NZ	−332,5	287,0	11,0	34,5
	1976–2008 in Preisen von 2010			
Deutschland	−255,0	226,5	11,0	17,0
Alle anderen	−244,0	204,0	5,5	35,0
Alle NZ	**−499,0**	**430,5**	**16,5**	**52,0**

Zu den Daten in den oberen drei Zeilen vgl.
– zur Sp. 1: Tab. 8
– zur Sp. 2: Tab. 6
– zur Sp. 3: Gesonderte Berechnung
– zur Sp. 4: Tab. 5 (Polen bis Bulgarien)

Zu den Zeilen 1976–1990: Gesonderte Berechnung
Zu den Zeilen 1976–2008 (2010): Annahme einer durchschnittlichen Preisniveauerhöhung von 50 Prozent für 1976 bis 2008

Außerdem muss, um die reguläre Transferunion richtig einzuschätzen, die Umverteilungssumme auf das Preisniveau von 2010 hochgerechnet werden, sofern diese Summe mit den milliardenschweren Hilfsprogrammen des Frühjahres 2010 verglichen werden soll. Bei einer (weiterhin) geschätzten *durchschnittlichen* Preisniveauerhöhung von 50 Prozent für die seit 1976 erfolgten jährlichen Umverteilungen erhöhen sich die 332,5 Milliarden auf (teilweise geschätzte) 499,0 Milliarden − „in Preisen des Jahres 2010 ausgedrückt" (Tab. 9, Sp. 1, letzte Zeile).

Diese 499,0 Milliarden tatsächlicher Nettobeiträge waren also schon geflossen (zuzüglich der zu diesem Zeitpunkt noch nicht veröffentlichten für 2009), als im Frühjahr 2010 − über die reguläre Transferunion hinausgehend − hohe staatliche Haftungssummen vereinbart wurden, um durch Zahlungsunfähigkeit bedrohte Mitgliedstaaten der Eurozone zu stützen. Von diesen entfallen, um es zu wiederholen, auf die EU und ihre Mitgliedstaaten unmittelbar (ohne IWF) 580,0 Milliarden (80,0 + 440,0 + 60,0).

Wieviel auch immer von diesen Haftungssummen einmal realisiert werden wird, so müssen die realisierten Beträge auf den im Rahmen der regulären Transferunion bereits existierenden, teilweise geschätzten Belastungssockel von 499,0 Milliarden aufgeschlagen werden. Wenn alle bisher vereinbarten Haftungssummen fällig werden würden, würden dadurch „schlichte" 1,079 Billionen EUR (499,0 + 580,0) zusammenkommen, und dies ganz abgesehen von den Aktivitäten der EZB und davon, dass der Sockel um die ab 2009 abverlangten Nettobeiträge schon weiter anwächst. Möglicherweise wird aber ein Billionen-Betrag dieser Größenordnung gar nicht realisiert werden, weil die Staatsbürger zuvor gegen die wahrscheinlich als irrwitzig empfundene Belastung revoltieren werden. Vielleicht ist die Revolte der Staatsbürger dereinst der wahre Grund dafür, dass das, was uns die Europapolitiker geradezu beschwörend versichern, auch eintritt. Dass nämlich die Haftungssummen nicht ausgeschöpft werden.

Die tatsächliche Lastenverteilung
innerhalb der regulären Transferunion

Wenn nun innerhalb der regulären Transferunion die tatsächliche Lastenverteilung, die sich im Laufe von 18 Jahren eingestellt hat, unter die Lupe genommen werden soll, ist es zweckmäßig, zu den *noch nicht* hochgerechneten tatsächlichen Nettobeiträgen zurückzukehren. Denn nur so bleiben die Zusammenhänge zu den anderen von mir bisher diskutierten regulären Finanzbeziehungen zwischen den Mitgliedstaaten unmittelbar einsehbar.

Aus der Darstellung der regulären Transferunion entnehmen wir somit die drei entscheidenden Daten (aus der „oberen linken Ecke" der Tab. 9): die 146,0 Milliarden Nettobeiträge Deutschlands, die 146,5 Milliarden der anderen Nettozahler und die 292,5 Milliarden tatsächlicher Nettobeiträge als Umverteilungssumme. Diese Daten werden für die weitere Analyse in die Tab. 10, Sp. 1, übertragen, allerdings so, dass die 146,5 Milliarden auf die zehn weiteren Nettozahler aufgeteilt ausgewiesen werden, und dass sämtliche Daten einer größeren Genauigkeit und besseren Vergleichbarkeit wegen in Millionen ausgedrückt werden.

Die damit für 18 Jahre EU-Geschichte dargestellte Lastenverteilung auf die Nettozahler haben wir dem Prinzip nach schon einmal vor uns gehabt, jedoch für einen kürzeren Zeitraum, als die ersten fünf Jahre der EU nach der Osterweiterung untersucht wurden (Tab. 7). Insofern wird jetzt für die Zeit von 1991 bis 2008 auf einer wesentlich breiteren empirischen Basis argumentiert. Außerdem sollen die Akzente jetzt etwas anders gesetzt werden. Während die Analyse zur Osterweiterung zum Anlass genommen wurde, das Konzept der angemessenen Nettobeiträge einzuführen, können jetzt – die breitere empirische Basis nutzend – einige weitere, auch politisch relevante Schlüsse gezogen werden.

Die Nettozahler haben in ihrer jeweiligen Zusammensetzung als *Gruppe* die *jährlichen* Umverteilungen zugunsten der Nettoempfänger *solidarisch* getragen. Das gilt dann auch für die Addition mehrerer Jahre, also für die 101,3 Milliarden der EU nach der

Osterweiterung (Tab. 7, Sp. 1) ebenso wie für die 292,5 Milliarden des Gesamtzeitraums nach der Wiedervereinigung.

Andererseits lässt das offen, wie die *Beteiligung der einzelnen Nettozahler* an der jeweiligen Umverteilungssumme zu beurteilen ist – und damit, wie die *Solidarität der Nettozahler untereinander* einzuschätzen ist. Die in Tab. 10, Sp. 1, ausgewiesenen tatsächlichen Nettobeiträge deuten wieder auf gewisse „Ungereimtheiten" hin. Diese sind denen ähnlich, die anhand der Tab. 7 für die EU-25/27 bereits festgestellt werden konnten, aber für den Gesamtzeitraum von 1991 bis 2008 scheinen die Ungereimtheiten vor allen Dingen zuungunsten Deutschlands noch größer zu sein.

Die von Deutschland eröffnete Reihe der tatsächlichen Nettobeiträge wird als erstes durch den großen Sprung von den 146,0 Milliarden Deutschlands zu den 33,6 Milliarden Frankreichs als dem nächsten großen Nettozahler markiert. Die dahinter stehenden unmittelbaren Determinanten sind anhand der Tabelle 4 bereits kurz besprochen worden. Dies kann nun durch die Feststellung ergänzt werden, dass Deutschland in den 18 Jahren nach der Wiedervereinigung mit 49,9 Prozent nahezu die Hälfte der gesamten Nettobeiträge getragen hat, während Frankreich mit 11,5 Prozent beteiligt war. Fügt man der französischen Beteiligung die Beteiligungen Großbritanniens mit 10,3 und Italiens mit 9,3 Prozent hinzu, zeigt sich, dass diese drei großen Nettozahler nach Deutschland zusammen auf 31,1 Prozent der Nettobeiträge insgesamt kommen und damit 18,8 Prozentpunkte unter dem Anteil Deutschlands liegen. Unter den mittelgroßen Mitgliedstaaten sind die Niederlande mit einer Beteiligung von 8,7 und Schweden mit 4,2 Prozent hervorzuheben.

In welchem Umfang der Anfangsverdacht auf erneute und noch ausgeprägtere „Ungereimtheiten" – vor allem im Hinblick auf die zuvor genannten Prozentsätze – als begründet angesehen werden kann, soll wiederum mithilfe der angemessenen Nettobeiträge präzisiert werden.

Tabelle 10: **Ungerechte Verteilung der Nettobeiträge**

– 1991 bis 2008 –

Nettozahler	1 Tatsächliche Nettobeiträge	2 Angemessene Nettobeiträge	Dem einzelnen Nettozahler			
			3 zu viel zugemutet (+)	4 zu wenig zugemutet (−)	5 (+)	6 (−)
	Millionen EUR				%	%
DE	−145.975,8	−84.854,6	61.121,2		80,5	
FR	−33.611,8	−59.697,1		−26.085,3		34,3
UK	−30.193,5	−52.413,9		−22.220,4		29,3
IT	−27.263,2	−48.777,2		−21.514,0		28,3
NL	−25.359,5	−15.297,6	10.061,9		13,2	
BE	−6.461,0	−9.069,1		−2.608,1		3,4
SE	−12.291,5	−8.059,0	4.232,5		5,6	
AT	−6.499,6	−6.853,3		−353,7		0,5
FI	−1.194,0	−4.271,1		−3.077,0		4,1
DK	−2.294,0	−2.380,9		−86,9		0,1
LU	−1.348,7	−817,9	530,8		0,7	
Insg.	**−292.492,7**	**−292.491,7**	**75.946,4**	**−75.945,4**	**100**	**100**

Quellen: Europäische Kommission, Aufteilung der EU-Ausgaben 2004 nach Mitgliedstaaten, S. 142; dieselbe, EU-Haushalt 2008. Finanzbericht, S. 98, 108.
Eigene Berechnungen; Rundungsdifferenzen.

111

Die angemessenen Nettobeiträge als Maßstab

Es soll, wie schon für die EU nach der Osterweiterung, davon ausgegangen werden, dass die Jahr für Jahr erfolgten Umverteilungen zugunsten der Nettoempfänger *gerechtfertigt* waren. Für die 18 Jahre nach der Wiedervereinigung heißt das also, dass die 292,5 Milliarden Umverteilungssumme als die für den Gesamtzeitraum gerechtfertigte, *angemessene* Belastung der Nettozahler *als Gruppe* anzusehen ist. Natürlich kann man jetzt, vor allen Dingen bei längeren Zeiträumen wie diesem, seine Zweifel bekommen, ob eine solche Annahme nicht „etwas kühn" ist. Aber solche Zweifel sollen zurückgestellt werden mit dem Vorbehalt, dass sie für *künftige* Entscheidungen Anlass sein können, über das *Problem dieser generellen Belastung der Nettozahler* intensiver nachzudenken. Für unsere gegenwärtige Frage nach der Angemessenheit soll die gegebene Umverteilungssumme als angemessen angesehen werden.

Wenn demnach die Nettozahler als Gruppe die Umverteilungssumme als angemessene Belastung akzeptieren, dann bleibt wiederum „nur" noch das Problem, wie es mit der *Solidarität der Nettozahler untereinander* bestellt ist.

Um das zu prüfen, sollen – analog zur Vorgehensweise im Kapitel 7 über die EU-25/27, aber in verkürzter Form – die angemessenen Nettobeiträge bestimmt werden: Die Umverteilungssumme in Höhe von 292,5 Milliarden wird auf die Nettozahler in der Weise ohne Rest verteilt, dass jeder Nettozahler gemessen an der Höhe seines in 18 Jahren kumulierten Volkseinkommens (zunächst als Bruttosozialprodukt, dann als Bruttonationaleinkommen definiert) prozentual gleich belastet ist. Daraus ergeben sich für diesen Zeitraum die in Tab. 10, Sp. 2, genannten angemessenen Nettobeiträge – wobei de facto die Berechnung für einzelne Jahre oder Zeitabschnitte erfolgte und die Ergebnisse für die einzelnen Nettozahler addiert wurden. In Kap. 8 ist diese Berechnung in groben Zügen für Deutschland vorgeführt worden ist.

Aus der gleichen prozentualen Belastung der Volkseinkommen ergibt sich, das die angemessenen Nettobeiträge exakt nach der

Höhe der Volkseinkommen gestaffelt sind. Deshalb kann aus den angemessenen Nettobeiträgen auf die Staffelung der Volkseinkommen zurückgeschlossen werden. So beträgt zum Beispiel der angemessene Nettobeitrag Deutschlands in Höhe von 84,9 Milliarden das 1,421-fache des französischen in Höhe von 59,7 Milliarden, und dies impliziert, dass das in den 18 Jahren kumulierte Volkseinkommen Deutschlands das 1,421-fache des im gleichen Zeitraum von Frankreich kumulierten Volkseinkommens ausmachte. Auf diese Weise spiegeln alle aus Tab. 10, Sp. 2 ableitbaren Relationen der jeweils zu vergleichenden Nettozahler die Relationen der jeweiligen Volkseinkommen wider. Das ist ja sozusagen der „Trick" der Konzeption der angemessenen Nettobeiträge.

Die aus den kumulierten Volkseinkommen abgeleiteten Nettobeiträge als „gerecht", als „angemessen" einzustufen, ist natürlich eine politische Entscheidung. Deshalb muss mit einem – vielleicht sogar als nahe liegend empfundenen – Gegenargument gerechnet werden. Darauf wurde bei Betrachtung der EU-25/27 im Kapitel 7 nicht eingegangen, weil ich dazu erst die gewichtigeren Zahlen der 18 Jahre verwenden wollte.

Ein politisches Gegenargument

Es muss nämlich damit gerechnet werden, dass Politiker einzelner Mitgliedstaaten die *genannten tatsächlichen* Nettobeiträge (Tab. 10. Sp. 1) als die für ihr Land genau *angemessenen* einstufen werden, sie somit die angemessenen Nettobeiträge in Sp. 2 als nicht akzeptabel, als „viel zu hoch" zurückweisen werden. Weil im Augenblick meines Wissens noch kein empirischer Fall dieser Art vorliegt, muss aus analytischem Interesse mit einer Hypothese gearbeitet werden.

Es soll unterstellt werden, dass der für Frankreich ermittelte tatsächliche Nettobeitrag in Höhe von 33,6 Mrd. von französischer Seite als „durchaus angemessener" Nettobeitrag verteidigt wird. Dies impliziert die Vorstellung, dass mit diesem Nettobeitrag das in 18 Jahren kumulierte französische Volkseinkommen angemessen belastet worden ist. Akzeptieren wir diese Norm und fragen, was das für Deutschland bedeuten könnte.

Wir gehen davon aus, dass das kumulierte Volkseinkommen Deutschlands prozentual auch nicht höher belastet sein sollte als das Frankreichs. Es ist zumindest nicht einzusehen, wieso diese Norm nicht auch für Deutschland gelten sollte. Das bedeutet dann aber: Wenn das deutsche Volkseinkommen, wie schon weiter oben festgestellt, das 1,421-fache des französischen ausmacht, dann beträgt – bei Annahme einer gleichen prozentualen Belastung der Volkseinkommen – auch der deutsche angemessene Nettobeitrag das 1,421-fache des französischen, nunmehr als angemessen eingestuften Nettobeitrags, also das 1,421-fache der 33,6 Milliarden Frankreichs, damit 47,7 Milliarden für Deutschland.

Dieser angemessene Nettobeitrag Deutschlands ist nun dem tatsächlichen Nettobeitrag Deutschlands gegenüberzustellen. Die 146,0 Milliarden, die Deutschland tatsächlich getragen hat, sind „nach Adam Riese" 98,3 Milliarden mehr als die 47,7 Milliarden. In Höhe dieser Differenz liegt demnach im Vergleich zur angemessenen Behandlung Frankreichs eine unangemessene Belastung Deutschlands vor. Ein ganz klarer Fall dafür, dass Deutschland in seiner Funktion als Zahlmeister gegenüber einem anderen Nettozahler unangemessen belastet worden ist – sofern dieser andere darauf besteht, mit dem nachgewiesenen tatsächlichen Nettobeitrag angemessen bedient worden zu sein.

Gehen wir nun noch einen Schritt weiter. Wir können selbstverständlich nicht ausschließen, dass auch Politiker anderer Mitgliedstaaten die These vertreten könnten, der in Tab. 10, Sp. 1 für ihr Land ermittelte tatsächliche Nettobeitrag sei exakt auch der angemessene.

Nehmen wir nur Großbritannien als weiteres mögliches Beispiel. Die Großbritannien seit Jahrzehnten gewährten UK-Abschläge beziehen sich zwar, wie wir wissen, unmittelbar auf die nationalen Beiträge, aber dadurch werden tendenziell auch die tatsächlichen Nettobeiträge Großbritanniens nach unten gedrückt (vgl. Kap. 2). Deshalb liegt es für Großbritannien nahe, diesen Erfolg der Politik der leeren Handtasche festhalten zu wollen, indem der tatsächliche Nettobeitrag in Höhe von 30,2 Milliarden zugleich als der angemessene verstanden wird. Jedenfalls, *sofern* dies geschieht, ist zu fragen, welcher deutsche Nettobeitrag *nunmehr* im Vergleich zu *Großbritannien* der angemessene ist, und in welchem Umfang damit der tatsächliche deutsche Nettobeitrag in Höhe von 146,0 Milliarden von diesem angemessenen abweicht.

Im Vergleich zu dem so definierten angemessenen Nettobeitrag Großbritanniens in Höhe von 30,2 Milliarden beträgt der deutsche angemessene Nettobeitrag 48,9 Milliarden.[30] Dieser weicht von den tatsächlich getragenen 146,0 Milliarden um 97,1 Milliarden ab. Die Differenz ist wiederum ein deutliches Zeichen für die unangemessene Belastung Deutschlands als Zahlmeister – in der Größe kaum anders als im Vergleich zu Frankreich. (Da es sich hier um alternative Bewertungen des Verhältnisses zu Frankreich einerseits, zu Großbritannien andererseits handelt, dürfen die Differenzbeträge natürlich nicht addiert werden).

Nun können wir zweifellos nicht verhindern, dass im Sinne der beiden zuvor analysierten, zunächst als hypothetisch aufzufassenden Beispielen tatsächlich Politiker in dem einen oder anderen Land anhand der in Tab. 10, Sp. 1, genannten Nettobeiträge so argumentieren wie dargestellt. Dann lässt sich aber auch für Deutschland so argumentieren wie dargestellt. Der Haken ist bei diesem „Schlagabtausch" jedoch der: Auf diesem Wege kann keine *sämtliche* tatsächliche Nettobeiträge *gleichzeitig* erfassende Beurteilung nach einheitlichem Maßstab zustandekommen. Deshalb sollten wir uns von diesen politischen Gegenargumenten nicht irritieren lassen und als politisches Instrument weiterhin die Konzeption der angemessenen Nettobeiträge verwenden.

Das große Solidaritätsdefizit

Die *angemessenen* Nettobeiträge sind, sofern sie realisiert sind, Ausdruck bestehender *Solidarität zwischen den Nettozahlern*, und sofern sie nicht realisiert sind, können sie als Beuteilungskriterien verwendet klar machen, wie sehr die faktischen Verhältnisse, ausgedrückt in den tatsächlichen Nettobeiträgen, von der Solidarität der Nettozahler untereinander entfernt sind: Um das für die 18 Jahre nach der Wiedervereinigung Deutschlands zusammenfassend zu analysieren, werden anhand der Tabelle 10 die *Abweichungen* der *tatsächlichen* Nettobeiträge von den *angemessenen* in den Spalten 3 und 4 festgehalten.

Diese Abweichungen zeigen, wieviel den Nettozahlern mit den tatsächlichen Nettobeiträgen im Vergleich zu den angemessenen Nettobeiträgen zugemutet wurde. Es können zwei Gruppen unterschieden werden. Auf der einen Seite stehen die vier Nettozahler, denen zusammen 75,9 Mrd. ECU/EUR tatsächlicher Nettobeiträge zu viel zugemutet wurden, auf der anderen Seite sieben Nettozahlern, denen zusammen der gleiche Gesamtbetrag tatsächlicher Nettobeiträge zu wenig zugemutet wurde (Sp. 3 und Sp. 4, Summenzeilen). „Zu viel" und „zu wenig" bedeuten in diesem Fall: gemessen an den prozentual gleich belasteten Volkseinkommen, die jeder Nettozahler in den 18 Jahren kumulierte, und damit gemessen an dem, was an Nettobeiträgen angemessen gewesen wäre.

Im Sinne dieser *Lastenverschiebung* – von den Nettozahlern in Sp. 4 zu denen in Sp. 3 – lag ein faktisch gegebener, von den begünstigten Nettozahlern nicht notwendigerweise angestrebter Mangel an Solidarität der 7er-Gruppe gegenüber der 4er-Gruppe vor. Diese Lastenverschiebung kann als Umverteilung unter den Nettozahlern interpretiert werden, und die Umverteilungssumme von 75,9 Milliarden zeigt, in welchem Umfang ein *Solidaritätsdefizit* im Verhältnis der Nettozahler zueinander vorlag. Dabei soll von dem *großen* Solidaritätsdefizit gesprochen werden, weil es für den Gesamtzeitraum seit der Wiedervereinigung Deutschlands gilt.

Die *einzelnen* Nettozahler werden sich angesichts dieses Ergebnisses recht unterschiedliche Gedanken machen. Die sieben Begünstigten, denen zu wenig aufgebürdet wurde, werden wenig Anlass sehen, sich darüber zu beklagen. Aber die ungerecht Belasteten werden zumindest abzuschätzen versuchen, was die zu viel zugemuteten Nettobeiträge für sie bedeuten.

Jedenfalls hat Deutschland mit 61,1 Milliarden „allen Grund dazu". Aber auch die anderen der 4er-Gruppe, vor allem die Niederlande und Schweden, werden es kritisch sehen, dass ihre in 18 Jahren kumulierten Volkseinkommen zu hoch belastet wurden. Und das ganz unabhängig davon, ob ergänzend noch andere Kriterien, wie beispielsweise die Belastung je Einwohner, herangezogen werden könnten.[31]

Die Beteiligung an der Entlastung anderer Nettozahler

Die Beteiligung der 4er-Gruppe an der Entlastung der 7er-Gruppe besteht nicht etwa darin, dass die 4er-Gruppe der 7er-Gruppe irgendwelche Euro-Beträge gezahlt hätte, sondern darin, dass – im Saldo der nationalen Beiträge der Mitgliedstaaten und der operativen Ausgaben der EU – die 4er-Gruppe tatsächliche Nettobeiträge akzeptiert, die über die angemessenen hinausgehen, und die 7er-Gruppe tatsächliche Nettobeiträge akzeptiert, die unter den angemessenen liegen. Insofern kann man die Entlastung der 7er-Gruppe durch die Belastung der 4er-Gruppe nur als eine *rechnerische* Umverteilung von der 4er-Gruppe zur 7er-Gruppe verstehen. Diese funktioniert allerdings perfekt, denn, wie wir gesehen haben, ist die Belastung der einen Gruppe mit 75,9 Milliarden gleich der Entlastung der anderen Gruppe.

Jeder der Nettozahler der 7er-Gruppe verdankt seine Entlastung – im Rahmen der rechnerischen Umverteilung – stets *allen* Nettozahlern der 4er-Gruppe *gleichzeitig*. Aber *wieviel* er dem *einzelnen* Nettozahler der 4er-Gruppe verdankt, das hängt dann davon ab, in welchem Umfang der einzelne Nettozahler der 4er-Gruppe an der gesamten Entlastung beteiligt ist (Tab. 10, Sp. 3 und 5).

Deutschlands Anteil an der Entlastung der 7er-Gruppe betrug 61,1 Milliarden, damit 80,5 Prozent der 75,9 Milliarden Gesamtentlastung. Betrachten wir diesen Prozentsatz mit den Prozentsätzen der drei anderen der 4er-Gruppe zusammen, zeigt sich, mit welchen Anteilen diese vier Nettozahler an der *gesamten* Entlastung beteiligt waren, damit aber auch, mit welchen Anteilen sie an der Entlastung jedes *einzelnen* Nettozahlers der 7er-Gruppe beteiligt waren.

Was das aus der Perspektive der einzelnen Nettozahler der 7er-Gruppe bedeutete, lässt sich an Frankreich als Beispiel demonstrieren (Tab. 10, Sp. 4). An den 26,1 Milliarden Entlastung war Deutschland mit 80,5 Prozent und damit mit 21,0 Milliarden beteiligt, und analog – gemäß den Prozentsätzen in Sp. 5 – die Niederlande mit 3,4, Schweden mit 1,5 und Luxemburg mit 0,2 Milliarden. Entsprechend kann für Großbritannien und all die anderen der 7er-Gruppe festgestellt werden, wie viel sie den Nettozahlern der 4er-Gruppe letztlich verdanken, indem diese tatsächliche Nettobreiträge akzeptiert haben, die über die angemessenen hinausgingen.

Diese Ergebnisse lassen sich leicht ergänzen, indem man aus der Perspektive der einzelnen Nettozahlers der 4er-Gruppe argumentiert und etwas hervorhebt, was zwar „auf der flachen Hand" liegt, aber es doch verdient, gesondert vermerkt zu werden. Vor allen Dingen für einen Nettozahler wie Deutschland, dessen Zahlmeisterfunktion hier darin besteht, die Hauptlast (auch) dieser rechnerischen Umverteilung getragen zu haben. Gemeint ist die Selbstverständlichkeit, dass eine Beteiligung an der Gesamtlast in Höhe von 80,5 Prozent auch eine Beteiligung an der Entlastung *jedes* einzelnen Nettozahlers der 7er-Gruppe in Höhe dieses Prozentsatzes bedeutet. Deshalb ist es aus der Perspektive Deutschlands nahe liegend, eine vielleicht gewichtige Teilmenge der 7er-Gruppe auszuwählen um zu fragen, wie hoch denn hier der Anteil Deutschlands war.

Die drei großen Mitgliedstaaten Frankreich, Großbritannien und Italien sind in diesem Zusammenhang eine derartige Teilmenge, nicht nur als große Mitgliedstaaten, sondern weil sie mit absolut und prozentual großen Entlastungsbeträgen herausragen (Tab. 10, Sp. 4 und 6): zusammen mit 69,8 Milliarden und 91,9 Prozent der gesamten rechnerischen Umverteilung. Daraus folgt, dass Deutschland als der mit 80,5 Prozent Belastete 56,2 Milliarden dieser drei Mitgliedstaaten getragen hat.

Nun könnte man bei diesem Ergebnis „auf dumme Gedanken" kommen, wenn man an französische Pressekommentare der Neunzigerjahre denkt, in denen der Maastrichter Vertrag als „Versailler Vertrag ohne Krieg" bezeichnet wurde, weil damit die D-Mark beseitigt und die Deutschen Bundesbank entmachtet werde.[32] Auf dieser Argumentationsebene nämlich könnte man nun weitermachen und die 56,2 Milliarden, die Deutschland seit der Wiedervereinigung „anstelle dreier Siegermächte in zwei Weltkriegen" getragen hat, als „Reparationen" bezeichnen, und zwar als solche, die man nicht erst noch versuchen muss einzutreiben, sondern die schon unter Dach und Fach sind.

Aber dieser Art der Kommentierung soll nicht weiter gefolgt werden, und der genannte Milliardenbetrag soll nur als ein weiterer Beleg für das faktisch existierende Solidaritätsdefizit der Nettozahler untereinander verstanden werden. Das bietet sich auch deshalb an, weil für die anderen Nettozahler der 4er-Gruppe, die bei der rechnerischen Umverteilung ebenfalls belastet worden sind, auf ein derartiges „Versailles" nicht rekurriert werden kann. So soll beispielsweise nur „ganz lakonisch" festgestellt werden, dass die Niederlande 13,2 Prozent der rechnerischen Umverteilungssumme getragen haben und damit 9,2 Milliarden der Entlastung in Höhe von 69,8 Milliarden, die Frankreich, Großbritannien und Italien zusammen erhielten.

Eine Ausplünderung der Deutschen?

Die Konsequenzen der Tatsache, dass mit den tatsächlichen Nettobeiträgen von den angemessenen abgewichen worden ist, lassen sich nicht nur, wie zuvor geschehen, an der finanziellen Lastenverschiebung zwischen zwei Gruppen von Nettozahlern festmachen, sondern auch daran, welches *Lastengefälle* zwischen den Nettozahlern dadurch hervorgerufen wird.

Um das klar zu machen, soll von dem Lastengefälle ausgegangen werden, das uns schon einmal beschäftigt hat: von den tatsächlichen Nettobeiträgen Deutschlands und Frankreichs in Höhe von 146,0 und 33,6 Milliarden und dem damit gegebenen, tatsächlichen Lastengefälle von 112,4 Milliarden (Tab. 10, Sp. 1). Es ging dabei zunächst darum, wie das politische Argument einzuschätzen ist, der tatsächliche Nettobeitrag Frankreichs sei der Frankreich angemessene gewesen. Und das Ergebnis war, dass mit diesem und analogen Ansätzen für andere Mitgliedstaaten *keine* befriedigende Bewertung aller Nettobeiträge gleichzeitig erreichbar ist. Deshalb soll jetzt das *gleiche* Lastengefälle mit dem *alternativen* politischen Argument geprüft werden, die an den gestaffelten Volkseinkommen orientierten angemessenen Nettobeiträge seien der gültige Maßstab.

Wenn wir uns daraufhin nochmals die angemessenen Nettobeiträge ansehen (Tab. 10, Sp. 2), besteht zwischen dem deutschen und dem französischen Nettobeitrag ein Lastengefälle von 25,2 Milliarden. Das ist aufgrund der unterschiedlich hohen (für 18 Jahre kumulierten) Volkseinkommen der beiden Nettozahler das *genau angemessene* Lastengefälle: in diesem Umfang ist Deutschland ein absolut höherer Nettobeitrag zuzumuten als Frankreich. Wird nun von dem tatsächlichen Lastengefälle das angemessene abgezogen (112,4 − 25,2), bleibt von dem Lastengefälle ein unangemessener Teil in Höhe von 87,2 Milliarden übrig. Wie ist der zu interpretieren?

Zwei Sachverhalte bestimmen zusammen die Höhe dieses Betrages. Auf der einen Seite werden Deutschland gemessen am deutschen angemessenen Nettobeitrag 61,1 Milliarden zu viel zugemutet (Sp. 3), auf der anderen Seite werden Frankreich gemessen am französischen angemessenen Nettobeitrag 26,1 Milliarden zu wenig zugemutet (Sp. 4). Beide Beträge zusammen ergeben (ohne Berücksichtigung des Minuszeichens) die 87,2 Milliarden. Mit anderen Worten: Die unangemessene zusätzliche Belastung Deutschlands und die unangemessene Entlastung Frankreichs machen *zusammen* das unangemessene Lastengefälle zwischen den tatsächlichen Nettobeiträgen Deutschlands und Frankreichs aus.

Diese 87,2 Milliarden, mit denen sich Deutschland schlechter stellt als Frankreich – *ohne dass* dies mit den Unterschieden in den Volkseinkommen begründet werden könnte! – stellen einen so hohen Betrag dar, dass sich in der deutschen Öffentlichkeit der Eindruck festsetzen könnte, es handle sich hierbei im Vergleich zu den Franzosen um „eine Ausplünderung der Deutschen".

In ganz analoger Weise können wir, nachdem die allgemeine Begründung vorliegt, beispielsweise das Verhältnis zwischen Deutschland und Großbritannien einerseits sowie zwischen Deutschland und Italien andererseits leicht ablesen: Das unangemessene Belastungsgefälle beträgt gegenüber Großbritannien 83,3 und gegenüber Italien 82,6 Milliarden, was sich aus den Daten der Tab. 10, Sp. 3 und 4, unmittelbar ergibt. Diese unangemessenen Belastungsgefälle zeigen zusammen mit dem für Frankreich ermittelten, dass sich Deutschland gegenüber den nächsten drei großen Nettozahlern in einer ähnlichen Situation einer „Ausplünderung" befindet.

Diese Charakterisierung ist nicht nur eine vage Formulierung, sondern sie ist exakt definiert und quantifizierbar. Aber es muss der Klarheit halber hinzugefügt werden, dass diese Ausplünderung nicht durch interne finanzpolitische Maßnahmen der anderen Nettozahler bewirkt wird, sondern dass innerhalb der EU ein kompliziertes Entscheidungsgeflecht dafür verantwortlich ist, welche tatsächlichen Nettobeiträge im Zusammenwirken der nationalen Beiträge und operativen Ausgaben der EU schließlich „herauskommen". Insofern ist die Zuschreibung, *wer* für eine solche

Ausplünderung der Deutschen *verantwortlich* ist, schwierig. Aber das schließ nicht aus, von einer de facto eingetretenen „Ausplünderung" zu sprechen, dies in der politischen Absicht, „drastisch" darauf hinzuweisen, dass es *so* doch wohl nicht weitergehen kann.

Vom Lob deutscher Nettobeiträge

Es erheben sich allerdings immer wieder deutsche Stimmen, um die deutsche Nettozahlerposition zu loben oder zu rechtfertigen. Gelegentlich werden sie von Mitgliedern der Europäischen Kommission oder Mitgliedern anderer EU-Kreise unterstützt, wobei dem Sinn nach gerne argumentiert wird, die Deutschen würden offenbar immer noch nicht begriffen haben, dass sie die eigentlichen Nutznießer, die Hauptnutznießer der EU, vor allen Dingen des Binnenmarktes und der Europäischen Währungsunion, seien. Gelegentlich wird die Bemerkung hinzugefügt, die wirklich großen Nettozahler seien ohnehin die Niederlande und Schweden, wenigstens dann, wenn man die durch die Nettobeiträge entstehende Belastung je Einwohner berücksichtige – und damit soll wohl angedeutet werden, dass die Deutschen sich mit ihren Nettobeiträgen „nicht so anstellen" sollen.

Diejenigen, die in dieser Richtung argumentieren und die Zusammenhänge nicht weiter präzisieren, haben wahrscheinlich auch keine Schwierigkeiten, die für Deutschland ermittelte Summe tatsächlicher Nettobeiträge in Höhe von 146,0 Milliarden hinzunehmen oder gar mit Genugtuung zu quittieren. Auch stört es sie wohl nicht, die Perspektive auf wenige Nettozahler oder eben auf Deutschland allein zu verengen, womit das Problem ignoriert wird, ob denn nicht eine *auswogene* Verteilung der Nettobeiträge auf *alle* Nettozahler (wie in Tab. 10, Sp. 2 dargestellt) erreicht werden sollte. So wird gerne argumentiert, man müsse doch die Größe Deutschlands bedenken, und deshalb habe Deutschland am meisten vom Binnenmarkt, vor allen wenn man die vielen Exporte berücksichtige.

Der Größte hat den größten Nutzen
vom Binnenmarkt

Als besondere Vorteile der EU gelten üblicherweise: Die EU verstehe sich als Raum der Nichtdiskriminierung, in dem jeder Unionsbürger sich frei bewegen kann; als ein Raum der Freiheit, der Sicherheit und des Rechts; als ein Binnenmarkt, auf dem der Wettbewerb gefördert werde, auf dem ein freier Warenverkehr (ohne Zölle und mengenmäßige Beschränkungen) und eine gemeinsame Landwirtschaftspolitik ebenso gewährleistet sei wie die Freizügigkeit der Arbeitnehmer, die Niederlassungsfreiheit zur Aufnahme einer selbstständigen Erwerbstätigkeit, der freie Dienstleistungsverkehr und der freie Kapital- und Zahlungsverkehr.

Auch wenn bei einigen dieser Regelungen einschränkende Vorbehalte unvermeidlich sind, so ist doch klar, dass hier ein *Ordnungsrahmen* geschaffen worden ist, der der freien Entfaltung und Wohlstandsmehrung *innerhalb* der Mitgliedstaaten und den Beziehungen *zwischen* den Mitgliedstaaten dienen kann. Ohne darauf näher eingehen zu können, so ist doch nahe liegend, dass es *zumindest einen lockeren Zusammenhang* zwischen einem derartigen Ordnungsrahmen und der Größe der Mitgliedstaaten gibt. Denn je nach der Zahl der Einwohner, der Zahl der Akteure, dem Umfang der sozialen und ökonomischen Aktivitäten und der Größe des Volkseinkommens ist ein Mitgliedstaat von einem solchen Ordnungsrahmen in unterschiedlichem Ausmaß *betroffen*. Und *soweit* es sich tatsächlich um *positiv* zu beurteilende Rahmenbedingungen handelt, ist der Mitgliedstaat je nach seiner Größe tendenziell in unterschiedlichem Ausmaß *Nutznießer* des Ordnungsrahmens der EU.

So gesehen hat Deutschland als der größte Mitgliedstaat „am meisten vom Binnenmarkt". Aber auch die anderen Mitgliedstaaten haben etwas vom Binnenmarkt, und zwar – wenigstens tendenziell – *gestaffelt nach ihrer Größe*. Das gilt auch, wenn man die Nettozahler für sich betrachtet. Da nun aber die nach der Größe geordneten Nettozahler gleichzeitig nach der Größe geordnete angemessene Nettobeiträge zu tragen haben, wird folgender Schluss nahegelegt: Mit den unterschiedlich hohen angemessenen Nettobeiträgen wird bereits berücksichtigt, dass die Nettozahler je nach der Höhe ihres Volkseinkommens vom Binnenmarkt in unterschiedlichem Umfang profitieren.

Für Deutschland beispielsweise heißt das dann, dass in den 84,9 Milliarden angemessener Nettobeiträge die positiven Einflüsse des Binnenmarktes adäquat berücksichtigt sind. Und da dies entsprechend für alle anderen Nettozahler auch gilt, gibt es keinen Grund, einseitig von Deutschland „wegen der Vorteile des Binnenmarktes" mehr als die 84,9 Milliarden als angemessenen Nettobeitrag zu verlangen. Sonst müsste man von allen anderen Nettozahlern ebenfalls mehr verlangen als die bislang ausgewiesenen angemessenen Nettobeiträge.

Der Bäcker und das Mädchen
oder das Ende der Exportkeule

An diesem Punkt angekommen ist mit folgendem Einspruch zu rechnen: Es fehle eine hinreichende Berücksichtigung der deutschen Exporte. Es gehe zwar nicht um Deutschland als Export-Weltmeister, sondern nur um den Binnenmarkt und damit um Deutschland als Export-Europameister. Und die besonderen Vorteile, die Deutschland als Exporteur seit vielen Jahren aus dem Binnenmarkt ziehe, seien groß genug, um damit zusätzliche Nettobeiträge Deutschlands zu rechtfertigen, jedenfalls „einiges mehr" als die 84,9 Milliarden, die im Rahmen der Konzeption der angemessenen Nettobeiträgen ausgewiesen werden. Ist dem nun beizupflichten oder handelt es sich bei dem Verweis auf „die deutschen Exporte" um den berühmten Keulenschlag, mit dem andere Argumente platt gemacht werden sollen?

Bei meinen gelegentlichen, dem Alltag gewidmeten Pisa-Studien fragte ich ein Mädchen, das gerade den Bäckerladen lächelnd und mit einer großen Tüte voller duftender Brötchen verlassen wollte, noch ganz schnell: „Wer hat denn nun mehr davon, Du oder der Bäcker?" Darauf das Mädchen: „Wer mehr davon hat, weiß ich nicht, denn wie soll ich meinen Hunger an dem messen, was der Bäcker mit meinem, jetzt seinem Geld macht? Ein interpersoneller Nutzenvergleich ist doch schwierig. Aber eines weiß ich bestimmt. Wir haben beide etwas davon, denn sonst wäre unser Tausch Geld gegen Brötchen ja gar nicht zustande gekommen." Wie Sie schon an der ganzen Diktion merken, muss das Mädchen bereits „Pisa für Fortgeschrittene" hinter sich gehabt haben, und das wollen wir uns zunutze machen.

Wenn Deutsche in den Binnenmarkt hinein exportieren, dann ist daran neben dem deutschen Exporteur notwendigerweise ein Importeur eines anderen Mitgliedstaates beteiligt. Ein Geschäftsabschluss kommt zustande, wenn der deutsche Exporteur und sein Geschäftspartner, der ausländische Importeur, unter den auf dem Binnenmarkt herrschenden Wettbewerbsbedingungen der Auffassung sind, mit dem Geschäftsabschluss bestimmte ökonomische oder sonstige Ziele realisieren zu können. *Beide* müssen sich davon derartige Vorteile versprechen. Und was für den Einzelfall gilt, gilt für jede beliebige Summe derartiger Exporte-Importe auf dem Binnenmarkt.

Daran ändert sich auch nichts, wenn die Betonung darauf gelegt wird, Deutschland sei aber ein sehr großes Exportland, ja man könne es sogar auf dem Binnenmarkt als „Export-Europameister" bezeichnen. Denn bei den gegebenen Wettbewerbsbedingungen auf dem Binnenmarkt entscheidet sich erst während des Wettbewerbs, welche deutschen Unternehmer mit wieviel Angeboten bei welchen Importeuren zum Zuge kommen. Zu Beginn des – für ein Geschäftsjahr betrachteten – Wettbewerbs ist prinzipiell völlig offen, welches Ergebnis dabei herauskommt. Dann kann sich beispielsweise herausstellen, dass die deutschen Exporte auf dem Binnenmarkt wertmäßig 70 Prozent der gesamten deutschen Exporte des betreffenden Zeitraums ausmachen. Aber auch dann gilt, dass jeder einzelne deutsche Export auf dem Binnenmarkt nur zustande kam, weil es dafür auf dem Binnenmarkt einen Importeur gab, der sich davon Vorteile versprach.

Das kann man sozusagen auf die Spitze treiben, indem man festhält, dass sich daran offenbar nichts ändern würde, wenn die deutschen Exporte zu 100 Prozent auf dem Binnenmarkt untergebracht würden. Und auch dann nicht, wenn wir entgegen der tatsächlichen Entwicklung davon ausgehen, *sämtliche* deutschen Exporte seien auf dem Binnenmarkt erst zustande gekommen, *nachdem* und *weil* der Binnenmarkt mit seinen liberalisierten Wettbewerbsbedingungen geschaffen worden sei. Vor allem bei diesem zuletzt genannten Fall könnte zwar niemand daran zweifeln, dass die deutschen Exporteure „Profiteure des Binnenmarktes" sind. Doch auch dieser Extremfall wäre nur unter der Bedingung möglich gewesen, dass es auf dem Binnenmarkt gleichzeitig genügend ausländische Importeure gegeben hätte, die bereit gewesen wären, *nunmehr* mit deutschen Exporteuren in Geschäftsbeziehung zu treten, weil sie sich davon Vorteile versprechen. Auch diese Importeure sind damit Profiteure des Binnenmarktes.

Ergänzend muss festgehalten werden, dass es keine allgemein verbindlichen Maßstäbe gibt, mit deren Hilfe man sagen könnte, ob die Exportvorteile größer, gleich oder kleiner als die Importvorteile einzustufen sind. Für die Beurteilung des Wettbewerbsergebnisses sind derartige interpersonelle Nutzenvergleiche allerdings völlig uninteressant. Was zählt, sind die Entscheidungen der am Wettbewerb beteiligten Akteure.

Aus all diesen Überlegungen folgt: Die unter den Wettbewerbsbedingungen des Binnenmarktes entstehenden oder intensivierten Wirtschaftsbeziehungen zwischen deutschen Exporteuren und ausländischen Importeuren sind (neben den sonstigen Wirtschaftsbeziehungen) genau die von den Konstrukteuren des Binnenmarktes gewollten Effekte. Von Deutschland für die damit erzielten Vorteile erhöhte Nettobeiträge zu verlangen, würde dem widersprechen und käme einem nachträglichen Strafzoll gleich, wäre also Unsinn. Außerdem müsste man dann auch alle diejenigen Mitgliedstaaten für ihre aus dem Binnenmarkt gezogenen Vorteile mit einem Strafzoll belegen, in denen die ausländischen

Importeure der deutschen Exporteure ihren Standort haben. Aber dadurch würde der Unsinn nur noch größer.

Obwohl damit das Ergebnis eindeutig ist, sollen doch noch zwei, in diesen Zusammenhang gehörende „Reizworte" aufgegriffen werden.

Exporte sichern Arbeitsplätze

Zu den vom deutschen Exporteur erzielten Vorteilen gehört, dass mit der Produktion der Exportwaren und der dafür benötigten Vorprodukte entweder bereits bestehende Arbeitsplätze gesichert werden oder infolge zunehmender Kapazitätsauslastung und -ausweitung weitere Arbeitskräfte benötigt werden. Diese Beschäftigungseffekte haben allerdings ein unterschiedliches Gewicht, je nachdem, wie arbeitsintensiv die betreffenden Produktionsprozesse sind und in welchem Umfang Teile dieser Prozesse ins Ausland verlegt werden oder verlegt worden sind. Die durch die deutschen Exporte bewirkten inländischen Beschäftigungseffekte können demnach im Einzelfall zwischen „sehr hoch" bis „sehr niedrig" schwanken.

Doch wie sieht es gleichzeitig beim Geschäftspartner, dem ausländischen Importeur aus? Es ist zwar richtig, dass bei einem ausländischen Importeur nur geringe Beschäftigungseffekte eintreten, wenn es sich bei der Importware um nicht mehr weiter zu verarbeitende *Konsumgüter* handelt, die „nur" noch verteilt werden müssen. Dann liegt der volkswirtschaftliche Nutzen des Imports in dem betreffenden Mitgliedstaat vornehmlich in der Versorgung mit diesen zusätzlichen Konsumgütern. Ist das aber nun „weniger wert" als der in Deutschland mit der Produktion dieser Konsumgüter verbundene – mehr oder weniger große – Beschäftigungseffekt? Hat das Exportland damit vom Binnenmarkt mehr als das Importland? Darauf gibt der Binnenmarkt die Antwort selbst: Exportland und Importland haben beide ihre Vorteile von mir – ob im Vergleich zueinander mehr oder weniger, das kann ich als „der Markt" nicht entscheiden und das brauche ich auch nicht zu entscheiden.

Zu dem gleichen Ergebnis kommen wir, wenn berücksichtigt wird, dass es auch Fälle gibt, in denen mit dem Import *signifikante Beschäftigungseffekte im Importland* verbunden sind. Wenn für die dortige Produktion komplementäre Vorprodukte importiert werden, dient dies der Aufrechterhaltung einer bestimmten Beschäftigung. Und wenn Investitionsgüter, beispielsweise Werkzeugmaschinen, importiert werden, kann dies nicht nur dem Ersatz veralteter Anlagen und damit tendenziell der Aufrechterhaltung einer gegebenen Beschäftigung dienen, sondern auch einer mit zusätzlicher Beschäftigung verbundenen Kapazitätsausweitung. Jedenfalls haben wir dann nicht nur im Exportland, sondern auch im Importland signifikante Beschäftigungseffekte zu verzeichnen – aber das Verhältnis dieser Effekte zueinander interessiert „den Markt" wiederum nicht.

Leistungsbilanzüberschüsse werden erzielt

Dann bleibt noch das Argument, Deutschland habe auf dem Binnenmarkt gegenüber allen anderen Mitgliedstaaten regelmäßig von einem Jahr zum anderen einen Überschuss in der Leistungsbilanz (Handels- und Dienstleistungsbilanz), indem der in EUR ausgedrückte Wert der Exporte größer sei als der Wert der Importe. Und dieser Überschuss sei ja wohl eine deutliches Zeichen dafür, dass Deutschland aus dem Binnenmarkt einseitig Vorteile ziehe.

Betrachten wir diesen Teil der deutschen Exporte, der wertmäßig über die deutschen Importe hinausgeht, etwas näher, stellen wir fest, dass wir in der Aufstellung der Leistungsbilanz über die Exporte einiges gar nicht genau erfahren, beispielsweise wird nichts darüber ausgesagt, ob die Produktion der betreffenden Exportware sehr arbeitsintensiv war oder welche Beschäftigungseffekte bei den Geschäftspartnern, den ausländischen Importeuren, eintraten. Erfreulich ist nur, dass wir das auch gar nicht so genau zu wissen brauchen. Denn das Wichtigste ist ohnehin schon klar: *Auch diese* Exporte, die rein rechnerisch den *Überschuss* in der Leistungsbilanz *bilden*, sind nur zustande gekommen, weil sich nicht nur die deutschen Exporteure, sondern auch die ausländischen Importeure davon Vorteile versprachen, deren Importe ein Leistungsbilanzdefizit ausmachen.

Deshalb ist es *nicht* zulässig, aus einem Überschuss in der – für den Binnenmarkt geltenden – deutschen Leistungsbilanz eine *einseitige* Begünstigung Deutschlands durch den Binnenmarkt ablesen zu wollen: Auch ein Leistungsbilanzüberschuss ist kein Grund dafür, dass Deutschland für seine Exporte in Form zusätzlicher Nettobeiträge einen gesonderten Preis zahlen sollte. Sonst müssten auch die Mitgliedstaaten, die in ihrer für den Binnenmarkt geltenden Leistungsbilanz ein Defizit haben, in Form zusätzlicher Nettobeiträge oder durch Abschläge auf ihre Nettoleistungen einen gesonderten Preis zahlen. Ganz abgesehen davon, dass ein Leistungsbilanzüberschuss mit einem Kapitalexport verbunden ist, und damit zumindest offen bleibt, ob ein solcher Kapitalexport überhaupt erwünscht ist.

Mit all diesen Überlegungen bleiben die für die Zeit nach der Wiedervereinigung ausgewiesenen 84,9 Milliarden angemessener Nettobeiträge weiterhin die für Deutschland ausschließlich angemessenen. Und deshalb halte ich die Kritik, die anhand der Tabelle 10 formuliert worden ist, in allen Punkten aufrecht.

Eine kleines Gedankenexperiment

Zur Einschätzung der Deutschland zu viel aufgebürdeten Last von 61,1 Milliarden muss an die sonst möglichen Ausgaben seitens des deutschen Staates gedacht werden, die mit diesem Betrag hätten getätigt werden können, also an die „verpassten Gelegenheiten", die „Opportunitätskosten". Natürlich kann niemand wissen, was tatsächlich mit diesem Geld gemacht worden wäre, wenn es dem deutschen Staat tatsächlich nach und nach im Laufe der 18 Jahre zur

Verfügung gestanden hätte. Aber ein kleines Gedankenexperiment zu den verpassten Gelegenheiten ist wohl statthaft.

Zunächst ist es zweckmäßig, auch diese 61,1 Milliarden auf das Preisniveau von 2010 hochzurechnen, um den realen Wert der verpassten Gelegenheiten deutlicher vor Augen zu haben. Wir wollen uns wiederum mit der schon mehrmals verwendeten, groben Schätzung einer durchschnittlichen Erhöhung des Preisniveaus von 50 Prozent über den Gesamtzeitraum von 18 Jahren begnügen. Somit wird unterstellt, dass in den Preisen von 2010 gerechnet über die 18 Jahre verteilt dem deutschen Staat rund 92 Milliarden mehr zur Verfügung gestanden hätten, wenn die Nettobeiträge auf die Nettozahler angemessen verteilt gewesen wären.

Jetzt fragen wir uns, was es denn wohl bedeutet hätte, wenn in dieser Zeit in Deutschland *zusätzlich* zu den tatsächlichen Ausgaben verwendet worden wären: 30 Milliarden für die Sanierung der Grundschulen, 25 Milliarden für den Straßenbau und die Straßensanierung, 15 Milliarden für den Hochwasserschutz, 12 Milliarden zum Ausbau von Kinderbetreuungsstätten und 10 Milliarden für Projekte, die ich Ihnen zur freien Wahl überlassen möchte. Nur vergessen Sie eines nicht: schon 5 Milliarden sind fünftausend mal eine Million.

Zur flankierenden Absicherung dieses Gedankenexperiments ist allerdings noch auf eines hinzuweisen. Es muss damit gerechnet werden, dass sich die Bundesregierung vor allem wegen der Nettobeiträge in den letzten Jahrzehnten in höherem Maße verschuldet hat, als es sonst der Fall gewesen wäre, um nicht die Binnennachfrage im Umfang der Nettobeiträge zurückfahren zu müssen. Für Außenstehende ist es schwer, das genauer abzuschätzen. Für den deutschen Steuerzahler jedenfalls bedeutet das insoweit zunächst einmal eine höhere Zinsbelastung des Staates, bevor eine entsprechende Schuldentilgung zur Diskussion steht.

Es ist klar, derartige Gedankenexperimente können unmittelbar nur die Funktion haben, Sachverhalte in ihrem Gewicht deutlicher zu machen, aber gerade das kann langfristig gesehen politische Prozesse auch beschleunigen.

Kapitel 10

Lehren aus dieser EU-Geschichte: Europapolitische Konsequenzen für die Zukunft

Damit bleibt noch die Frage, wie wir mit den für Deutschland seit der Wiedervereinigung aufgedeckten Ergebnissen umgehen sollen. Manche werden die Ergebnisse als „ernüchternd" bezeichnen, andere werden die Unfähigkeit der deutschen Politiker, hier deutsche Interessen angemessen vertreten zu haben, als „deprimierend" empfinden, und wieder andere werden mit einer gewissen „Wut" darauf reagieren, wie bereits seit langer Zeit mit unseren Steuergeldern umgegangen worden ist. Jedenfalls drängen sich Fragen wie die auf: Wurde der wertvolle Gedanke innereuropäischer Solidarität, an dem wir unbeirrt festhalten sollten, missbraucht? War es etwa ein unglückseliges Gemenge aus deutschem Devotismus und anderweitigen Rücksichtslosigkeiten, das zu den nun vorliegenden Ergebnissen führte?

In solchen Fällen der Ratlosigkeit schaltet man gerne die „kritische Vernunft" ein und beginnt mit der Feststellung, die Geschichte lasse sich nun einmal nicht zurückdrehen. Das heißt für die Einbindung Deutschlands in den Finanzrahmen der EU seit der Wiedervereinigung, also für die reguläre Transferunion: Der Mangel an Solidarität zwischen den Nettozahlern untereinander sowie mancher Nettoempfänger gegenüber den Nettozahlern und die damit verbundenen monetären Ungerechtigkeiten und Vertrauensbrüche lassen sich nachträglich zwar feststellen, aber nicht mehr beseitigen. Die Tatsache etwa, dass von 1991 bis 2008 eine Last von 75,9 Mrd. EUR an Nettobeiträgen den vier Nettozahlern Deutschland, den Niederlanden, Schweden und Luxemburg zusätzlich zugemutet wurden, ist nicht mehr korrigierbar. Dafür gibt es weder eine politische noch eine rechtliche Handhabe.

Die Konzeption angemessener Nettobeiträge als politisches Instrument

So schmerzlich das ist, so können wir aus der Geschichte wenigstens etwas lernen. Die Konzeption angemessener Nettobeiträge kann nämlich als Instrument verwendet werden, um in Zukunft Jahr für Jahr finanzielle Solidarität zwischen sämtlichen Nettozahlern herzustellen. Dazu ist es notwendig, dass bereits die Finanzplanung der Europäischen Kommission für das jeweils kommende Jahr an dem Ziel orientiert wird, das Finanzjahr mit angemessenen Nettobeiträge abschließen zu wollen.[33]

Im Rahmen dieser Planung muss sich die Kommission als erstes mit den Nettozahlern darauf verständigen, welcher Gesamtbetrag angemessener Nettobeiträge (wenigstens in etwa) angestrebt werden soll. Diese Entscheidung ist deshalb so brisant, weil damit nicht nur festgelegt wird, welche Umverteilungssumme den Netto*empfängern* zukommen soll, sondern auch, weil damit gleichzeitig das *Niveau* der von den einzelnen Netto*zahlern* zu tragenden angemessenen Nettobeiträgen bestimmt wird. Außerdem muss bei der Planung feststehen, dass sämtliche Nettozahler *bereit* sind, die ihnen angemessenen Nettobeiträge zu tragen, sobald nach dem Ende eines Finanzjahres die Höhe der Bruttonationaleinkommen bekannt ist (die man ja benötigt, um den Gesamtbetrag der Nettobeiträge auf die einzelnen Nettozahler angemessen zu verteilen, indem deren Volkseinkommen mit dem gleichen Prozentsatz belastet werden).

Natürlich muss jetzt noch bedacht werden, dass „bei aller schönen Planung" das am Ende eines Jahres schließlich Erreichte von dem Geplanten abweichen kann. In unserem Fall heißt das: Am Ende des Finanzjahres muss damit gerechnet werden, dass einige oder sogar alle tatsächlichen Nettobeiträge von den angemessenen abweichen, es somit Nettozahler gibt, denen in dem betreffenden Finanzjahr bislang zu viel, und andere, denen bislang zu wenig zugemutet wurde – wie das für die Vergangenheit in den Tabellen 7 und 10 jeweils in den Spalten 3 und 4 dargestellt wurde. Demnach werden noch Ausgleichszahlungen notwendig. Diese halten sich aber in einem relativ bescheidenen Rahmen, da bereits die Finanzplanung auf die Realisierung angemessener Nettobeiträge abstellt und *jährlich* abgerechnet wird.

Die Auswirkungen der Ausgleichszahlungen sollen mithilfe der Tab. 10 verdeutlicht werden. Durch die Ausgleichszahlungen werden bildlich gesprochen die Spalten 3 und 4 „leergeräumt"; die unangemessene Umverteilung zwischen den Nettozahlern verschwindet. Gleichzeitig sind die tatsächlichen Nettobeiträge (in Sp. 1) nicht mehr relevant. Und aus den bisher nur als Maßstab verwendeten angemessenen Nettobeiträgen werden am Ende des Finanzjahres die dann auch tatsächlich geltenden Nettobeiträge (Sp. 2). Jeder Nettozahler trägt dann für das abgelaufene Finanzjahr denjenigen Nettobeitrag, der seinem in diesem Jahr realisierten Bruttonationaleinkommen angemessen ist. Damit ist die angestrebte Solidarität der Nettozahler untereinander für das abgelaufene Finanzjahr hergestellt. Das Ganze erfolgt unter der Nebenbedingung, dass die Umverteilung zugunsten der Nettoempfänger unangetastet bleibt (die Summe der Sp. 2 ist der Summe in Sp. 1 gleich). In der als Beispiel verwendeten Tab. 10 bleibt damit infolge der Ausgleichszahlungen nur die Spalte 2 übrig.

Diese Skizzierung dürfte genügen, um hinreichend klar zu machen, dass die künftige Verwendung der Konzeption angemessener Nettobeiträge als politisches Instrument prinzipiell kein „Hexenwerk" ist. Außerdem hat die Europäische Kommission bei der bisherigen Berechnung der Abschläge zugunsten Großbritanniens gezeigt, wie ein bestimmtes Umverteilungsziel nachträglich ohne große finanztechnische Mühen realisiert werden kann. Allerdings geht es jetzt bei der Realisierung der Konzeption angemessener Nettobeiträge nicht mehr darum, einen einzelnen Nettozahler einseitig zu begünstigen, sondern um einen „langfristig guten Zweck", nämlich am Ende eine jeden Finanzjahres Solidarität zwischen den Nettozahlern herzustellen.

Damit die Konzeption der angemessenen Nettobeiträge angewendet werden kann, ist es natürlich notwendig, dass die Mitgliedstaaten diese Solidarität auch wollen.

Dabei ist es nahe liegend, dass diejenigen Nettozahler, denen *bislang zu viel* an Nettobeiträgen zugemutet wurde, kein Problem damit haben, wenn in Zukunft die gemeinsame Last auf alle Nettozahler solidarisch verteilt wird. Das ist tendenziell anders bei denjenigen Nettozahlern, denen *bislang zu wenig* an Nettobeiträgen zugemutet wurde. Diese müssen sich vielleicht „politisch erst einen Ruck geben", um allseitig angemessene Nettobeiträge akzeptieren zu können. Für die Politiker der Nettozahler, denen bislang zu viel zugemutet wurde, taucht damit gegebenenfalls das Problem auf, die anderen, bisher „verwöhnten" Politiker von der ethischen Dimension finanzieller Solidarität erst noch überzeugen zu müssen.

Doch in der Europäischen Union ist schon so viel von Solidarität die Rede gewesen, dass nicht einzusehen ist, warum nicht diese Chance zur Solidarität, die die Konzeption der angemessenen Nettobeiträge bietet, genutzt werden sollte.

Vom Nutzen der Solidarität unter Nettozahlern

Wenn die Nettozahler die angemessenen Nettobeiträge akzeptieren, dann verdichten sich damit ihre gemeinsamen Interessen. Keiner braucht mehr zu befürchten, einseitig unverhältnismäßig belastet zu werden, und was in diesem Zusammenhang noch schwerer wiegt, keiner kann darauf spekulieren, mit einem blauen Auge, also unangemessen begünstigt davonzukommen. Kurz: Alle Veränderungen der finanziellen Belastungen für die Gruppe der Nettozahler treffen alle Nettozahler gleichmäßig – stets orientiert an der Höhe ihrer Bruttonationaleinkommen.

Bei gegebener Umverteilungssumme zugunsten der Nettoempfänger ist es für die Nettozahler, wie wir wissen, schon interessant, wie die Nettoempfänger mit den Nettoleistungen umgehen. Ist ein Nettozahler, wie Deutschland seit der Wiedervereinigung, mit 49,9 Prozent an der Umverteilungssumme beteiligt, während 10 weitere Nettozahler zusammen 50,1 Prozent tragen, dann schmerzt jede missratene Verwendung von Nettoleistungen Deutschland notwendigerweise mit 49,9 Prozent, um es einmal so auszudrücken (was eine Ungleichbehandlung unter den übrigen Nettozahlern nicht ausschließt, aber hier nicht weiter thematisiert werden soll).

Jedenfalls, wenn die Umverteilungssumme zugunsten der Nettoempfänger von den Nettozahlern solidarisch verteilt getragen wird, kann eher damit gerechnet werden, dass sich alle mit gleicher Intensität für die Frage interessieren, wie denn in der EU mit den Nettoleistungen umgegangen wird, um daraus gegebenenfalls geeignete Konsequenzen für eine bessere Kontrolle zu ziehen. Vielleicht werden die Nettozahler dann die Berichte des Europäischen Rechnungshofes einmal gemeinsam daraufhin durchstudieren.

Daran schließt sich die Frage an, unter welchen Bedingungen und wie lange denn ein Nettoempfänger diesen Status behalten soll. Die untereinander solidarisch handelnden Nettozahler haben ein gleichgerichtetes Interesse daran, dass alle Nettoempfänger nach und nach aus diesem Status entlassen werden. Dadurch wird auf die Dauer die zugunsten der Nettoempfänger ausgewiesene Umverteilungssumme sinken – und es gibt ja wohl keinen vernünftigen Grund, warum das nicht das Fernziel sein sollte, wobei bei sinkender Umverteilungssumme die Nettozahler bei ihren angemessenen Nettobeiträgen proportional gleich entlastet werden.

Allerdings gibt es da auch eine Gegenströmung, wenigstens solange noch weitere Staaten in die EU aufgenommen werden. 1995 wurden mit Österreich und Schweden zwar zwei neue Mitglieder aufgenommen, die „von der ersten Stunde an" Nettozahler waren und blieben. Ansonsten war von dieser Zeit ab der Beitritt neuer Mitglieder stets einem Beitritt von Nettoempfängern gleichzusetzen. Deshalb muss insoweit zunächst mit einer tendenziellen Zunahme der Umverteilungssumme gerechnet werden, bevor sich die zuvor erwogene Umwandlung von Nettoempfängern in Nettozahler stärker bemerkbar machen kann.

Solange die Konzeption der angemessenen Nettobeiträge noch nicht realisiert ist, ist es sehr unsicher, was eine zusätzliche Belastung der *Gruppe* der Nettozahler für den *einzelnen* Nettozahler bedeutet. Und diejenigen Staatsbürger, deren Politiker unwillens oder unfähig sind, eigene finanzielle Interessen angemessen zu vertreten, haben dann leicht das „Vergnügen", gemessen am Bruttonationaleinkommen überproportional von den zusätzlichen Belastungen zu „profitieren". Um nur ein Beispiel zu nennen: Deutschland war an der Finanzierung der Nettoleistungen der ab 2004 hinzugekommenen Nettoempfänger mit 33,4 Prozent beteiligt (Tab. 5), andererseits wären an den angemessenen Nettobeiträgen orientiert nur 25,2 Prozent angemessen gewesen (Tab. 7, Sp. 2).

Somit wird gegenwärtig die *finanzielle Aufnahmekapazität* der EU entscheidend dadurch mitbestimmt, was *einzelnen* Mitgliedern zusätzlich – unter Schonung anderer Nettozahler – aufgebürdet werden kann. Das ist anders, wenn die Nettozahler bereit sind, untereinander solidarisch zu handeln. Denn dann müssen *alle* Nettozahler *gleichermaßen* vorher überlegen, ob sie unter der Bedingung einer proportional gleichen Belastung der Bruttonationaleinkommen bereit sind, weitere Staaten in den Kreis der Nettoempfänger aufzunehmen. Die finanzielle Aufnahmekapazität der EU wird jetzt dadurch bestimmt, ob und wieviel *die Gruppe* der Nettozahler *zusätzlich an angemessenen Nettobeiträgen* zu tragen bereit ist.

Die Frage, ob eine zusätzliche finanzielle Belastung auf *einzelne* Nettozahler einseitig abgewälzt werden kann oder von *allen solidarisch* zu tragen ist, ist besonders akut, wenn es sich bei einem „Beitrittskandidaten" um einen Staat handelt, bei dem im Falle der Mitgliedschaft mit hohen Nettoleistungen gerechnet werden muss.

Dies ist bei der Türkei der Fall. Die hohe Bevölkerungszahl, die stark agrarische Struktur und das noch relativ geringe Wohlstandsniveau würden unter sonst gleichen Bedingungen zu hohen Nettoleistungen führen, und diese könnten ohne die Konzeption angemessener Nettobeiträge leicht eine extrem einseitige Zusatzbelastung einzelner Nettozahler bewirken. Wenn die deutschen Politiker dem deutschen Steuerzahler nicht auch noch dieses Risiko einer einseitigen zusätzlichen Belastung zumuten wollen, dann ist das ein Grund mehr, darauf zu bestehen, dass die Konzeption angemessener Nettobeiträge realisiert wird. Unter dieser Voraussetzung müssen dann *alle Nettozahler zusammen* überlegen, wann die *gemeinsame* finanzielle Aufnahmekapazität erschöpft ist. Und es wird wohl zumindest einigen von ihnen „dämmern", dass eine „ergebnisoffene" Verhandlung mit der Türkei über deren Verhältnis zur EU schon deshalb nicht infrage kommen kann, weil dem finanzielle Restriktionen entgegenstehen.

Deutschlands vierte Zahlmeisterfunktion hätte nicht sein müssen

Solange die tatsächlichen Nettobeiträge noch nicht an den angemessenen ausgerichtet sind, wird aus der Perspektive des Zahlmeisters Deutschland (und der anderen Nettozahler, denen zu viel zugemutet wurde) auf eine *mögliche Entlastung verzichtet*. Und infolge der von den Mitgliedstaaten der Eurozone im Frühjahr 2010 gefassten Beschlüsse kommen *zusätzliche Belastungen* hinzu: Mit den absolut größten Summen der Kredithilfen und den größten Haftungssummen ist Deutschland als größter Mitgliedstaat wieder als Zahlmeister dabei. So „passen" die beiden politischen Sachverhalte „schön zusammen". Und man fragt sich, war es nun zwingend, Deutschland auf diese Weise nochmals zum Zahlmeister zu machen?

Da die Konstrukteure des Maastrichter Vertrages in den Neunzigerjahren trotz der formulierten Regeln zur öffentlichen Haushaltsdisziplin den Eventualfall einer Schuldenkrise einzelner Mitgliedstaaten der Eurozone nicht ausschließen konnten, wurde ausdrücklich festgelegt: Weder die Europäische Union noch einzelne Mitgliedstaaten haften für die Verbindlichkeiten eines anderen Mitgliedstaates. Damit war vorgezeichnet, wie bei einer Schuldenkrise eines Mitgliedstaates vorzugehen ist.

Nämlich zunächst in schlichte Worte gefasst folgendermaßen. Der betreffende Mitgliedstaat schreibt an seine Gläubiger im In- und Ausland: „Ich bedaure es außerordentlich, aber ich kann Ihnen die vereinbarten Zinsen gegenwärtig nicht zahlen, ja, ich kann auch die fälligen Schuldverschreibungen gegenwärtig nicht zurücknehmen. Ich schlage Ihnen deshalb vor, dass wir bald darüber reden. Vielleicht können wir uns in der Weise verständigen, dass Sie mir auf Ihre Forderungen an mich etwas nachlassen. Wir wollen doch Freunde bleiben."

Die angesprochenen Gläubiger, die in den vereinbarten Zinssätzen höchstwahrscheinlich bereits Risikoaufschläge durchsetzen konnten, stehen, abgesehen von allen Einzelheiten, in jedem Fall vor dem Problem, in welchem Umfang sie auf die marode gewordenen öffentlichen Schuldtitel, die sie in ihren Händen halten, Abschreibungen vornehmen müssen. Soweit dies notwendig ist, trifft dies die Gläubiger im Regelfall nicht ganz unvorbereitet, denn die Risikoaufschläge haben sie gerne „mitgenommen", und der damit bewusst in Kauf genommene Risikofall tritt eben manchmal ein.

So sind die Marktkräfte nun mal, und die Akteure haben die Konsequenzen ihres Handelns selbst zu verantworten – wenn da nicht noch ein Problem wäre. Sind die *Gläubiger* des in einer öffentlichen Schuldenkrise befindlichen Staates beispielsweise als Banken oder Versicherungen *ihrerseits* ihren Einlegern gegenüber zu Zahlungen *verpflichtet*, könnten sich die Abschreibungen der Gläubiger bei deren Einlegern negativ auswirken. In diesen Fällen, insbesondere wenn es sich bei den Einlegern um die große Masse der Normalsparer handelt, ist es nahe liegend, dass der inländische Staat finanziell eingreift, um die Wirkungen des Marktmechanismus' sozusagen „sozial abzufedern". Ein treffliches Beispiel für eine „Soziale Marktwirtschaft", bei der die sonst bei den Einlegern eintretenden Verluste auf die größere Masse der Steuerzahler umgelegt wird, wohl wissend, dass die Einleger auch Steuerzahler sind; aber im finanziellen Saldo geht es ihnen als Einleger dadurch dennoch besser.

Es ist klar, dass der inländische Staat bei dieser Vorgehensweise genauer prüfen kann, bei welchen inländischen Banken, Versicherungen und anderen Inhabern ausländischer „Schrottpapiere" auch soziale Belange berücksichtigt werden sollten. Und er wird dies auch genauer prüfen, wenn er vernünftigerweise die hier einzusetzende Summe an Steuermittel möglichst gering halten will. Außerdem ist klar, dass der inländische Staat damit nicht für die Schulden des in einer Schuldenkrise befindlichen anderen Staates haftet. Der inländische Staat handelt deshalb hier auch nicht als Zahlmeister. Der ganze Ablauf ist konform mit dem Haftungsausschluss des Maastrichter Vertrages.

Die verantwortlichen Politiker haben jedoch im Mai 2010 mit ihren Beschlüssen zur unmittelbaren Unterstützung von Mitgliedstaaten bei Schuldenkrisen den Haftungsausschluss ignoriert. Sie sind auch mitverantwortlich dafür, dass das Gebot, die Unabhängigkeit der Europäischen Zentralbank (EZB) zu wahren (Art. 130 AEU), ebenfalls missachtet wurde. Beides war für uns Deutsche mit massiven Vertrauensbrüchen verbunden, weil es in den Neunzigerjahren gerade die deutschen Politiker waren, die nicht müde wurden, uns vor allem *diese* Regelungen als die *entscheidenden Garanten* für einen *stabilen* Euro darzustellen.

Ob und in welchem Umfang es sich dabei auch um Vertragsbrüche handelte, braucht hier nicht weiter diskutiert zu werden. In jedem Fall haben die Politiker nicht die *Möglichkeit* genutzt, entsprechend den Vorgaben des Maastrichter Vertrages zum Haftungsausschluss der Mitgliedstaaten und zur Unabhängigkeit der EZB zu handeln. Dadurch ist Deutschland mit den jeweils größten absoluten Haftungssummen erneut *gezielt* zum Zahlmeister *gemacht* worden.

Die damit zu erwartende finanzielle Belastung (über die im Kapiteln 6 einiges gesagt wurde) wird höchstwahrscheinlich wesentlich größer sein, als die, die Deutschland im Inland bei Praktizierung der Sozialen Marktwirtschaft (wie zuvor beschrieben) hätte aufbringen müssen. Erschwerend kommt hinzu, dass die Idee, die privaten Gläubiger der betreffenden Schuldnerstaaten nicht oder nur bedingt an der Entlastung zu beteiligen, eine „Sozialisierung", eine *Vergemeinschaftung von Risiken* darstellt und viel mit einer *Umverteilung „von unten nach oben"* zu tun hat – von den Steuerzahlern der zahlenden Staaten zu den genannten privaten Gläubigern.

Dabei kann die von Mitgliedern der Bundesregierung gelegentlich geäußerte Vorstellung, die Leute mit den niedrigeren Einkommen würden ja gar keine Steuern zahlen, so nicht stehen bleiben. Das mag zwar in einer größeren Zahl von Fällen für die Einkommensteuer gelten, aber bei der Mehrwertsteuer sind alle dabei, und die hat bei den niedrigeren Einkommen bekanntermaßen ein relativ großes Gewicht. Der soziale Skandal besteht insbesondere darin, dass eben auch diese Einkommensschichten steuerlich belastet werden, um den (zumeist wohl wohlhabenden) Gläubigern von Schrottpapieren diese Schrottpapiere mit Steuergeldern abzukaufen.

Konsequenzen für den Euro

Zur Europäischen Währungsunion, „zum Euro", gehören die Beschlüsse vom Mai 2010 nicht notwendigerweise dazu, denn die maßgeblichen Politiker hätten sich ja, an den Maastrichter Vertrag haltend, für die Beibehaltung des Haftungsausschlusses und die Wahrung der Unabhängigkeit der EZB entscheiden können. Nun aber, nachdem die davon abweichenden Beschlüsse gefasst worden sind, stellen sie einen integrativen Bestandteil der Europäischen Währungsunion dar.

Mit ihnen wird uns vorgeführt, welche Nachteile die Europäische Währungsunion (vielleicht neben anderen Nachteilen?) haben kann: Zur „Rettung" oder weniger dramatisch formuliert zur „Stabilisierung" des Euro werden gegebenenfalls und vielleicht immer wieder Milliarden benötigt, und dies mit einem langfristigen, nach Möglichkeit in die Ewigkeit hineinreichenden Ziel. Und man fragt sich, was ist das für eine Währung, zu deren Stabilisierung immer wieder Milliarden an Steuergeldern benötigt werden? Vor dem Hintergrund dieser eventuell benötigten Milliarden wirkt das früher bei deutschen Politikern so beliebte Argument, mit dem Euro könnten Umtauschkosten gespart werden, geradezu lächerlich, auch wenn es stimmt.

Der Zahlmeister Deutschland soll sich also auch in dieser Hinsicht „auf eine lange Amtszeit" einrichten und der deutsche Steuerzahler auf eine lange Leidenszeit. Dass der Euro Nachteile hat, das pfeifen die Spatzen seit den Mai-Beschlüssen inzwischen von allen Dächern, und dies nicht nur von den deutschen Dächern, sondern auch nach der Melodie „sur les toits de Paris".

Ausblick

Kein Mensch kann gegenwärtig genau wissen, wie viele Milliarden aufgrund der europapolitischen Beschlüsse vom Frühjahr 2010 in ein oder zwei Jahren schon geflossen sein werden, und überhaupt, wie es dann um den Euro bestellt sein wird. Gerade geistert die Idee, von Luxemburg kommend, durch die EU, gemeinsame Anleihen in Euro auszugeben. Eine neue Chance für Deutschland, durch Beteiligung an öffentlichen Anleihen mit relativ hohen Zinsverpflichtungen Milliarden aus dem Bundeshaushalt zu opfern. Eine neue, bisher kaum geahnte Chance für den Zahlmeister Deutschland.

Dem in den letzten Monaten verstärkt aus verschiedenen Richtungen öffentlich geäußerten Zweifel, ob der Euro in der gegenwärtigen Konzeption auf die Dauer aufrechterhalten werden kann, ist aus EU-Kreisen, selbst von höchster EU-Instanz, entgegengehalten worden, wenn der Euro nicht verteidigt werden könne, dann würde die Europäische Union als Ganze ernsthaft in Gefahr geraten, ja untergehen. Wahrscheinlich sollen damit die europapolitischen Beschlüsse vom Mai 2010, die Milliarden kosten können, gerechtfertigt und „dem Volk" durch Angstmacherei schmackhaft gemacht werden. Abgesehen von dieser propagandistischen Zielrichtung, die man ja „verstehen" könnte, halte ich derartige Drohungen für sachlich unbegründet.

Die europäischen Gemeinschaften in ihrer jeweiligen Verfassung bis hin zur Europäischen Union haben jahrzehntelang ohne Euro existiert und funktioniert. Der Binnenmarkt ist durch Beseitigung der Zollschranken zwischen den Mitgliedstaaten und durch weitere, auch ökonomisch relevante, in den europäischen Verträgen verankerte „Freiheiten" geschaffen worden und hat schon blendend funktioniert, bevor der Euro (in zwei Stufen) eingeführt wurde.

Des Weiteren gilt: Der Euro ist nur in einem Teil der Europäischen Union eingeführt worden. Für die in der Eurozone vereinten

Mitgliedstaaten ist dadurch ein Aspekt eines Binnenmarktes hinzugekommen, nämlich für die Touristen und Handlungsreisenden die Erleichterung, nicht mehr in zwei oder mehreren Währungen denken und handeln zu müssen, und für die Unternehmen die Erleichterung, keine Kurssicherungsgeschäfte betreiben zu müssen. Aber das alles gilt eben nur für einen *Teilbereich* des Binnenmarktes, und die Vorteile waren offenbar nicht so gravierend, dass diejenigen Mitgliedstaaten der EU, die bei der Gründung der Europäischen Währungsunion „draußen vor der Tür" blieben, inzwischen diese Tür eingestoßen hätten, um nun doch endlich dabei sein zu dürfen.

Die Europäische Union hat also bislang auch mit den Mitgliedstaaten zusammen funktioniert, die der Währungsunion bewusst nicht angehören. Vom Euro als „Gemeinschaftswährung" zu sprechen, mag zwar „politisch korrekt" sein, ist aber sachlich nicht korrekt. Die Politiker, die die Existenz der EU an die Existenz des Euro knüpfen, müssten uns klar machen, wieso plötzlich die EU vom Euro abhängen soll, obwohl der Euro noch nie in der ganzen EU galt. Man kann aus den Beobachtungen vielmehr den umgekehrten Schluss ziehen: Die Europäische Union ist wesentlich robuster als der Euro.

Daraus folgt dann auch: Ganz unabhängig vom Schicksal des Euro sind die Fragen, wie die EU im Übrigen funktioniert, weiterhin in vollem Umfang relevant. Und dazu gehört die zentrale Frage, wie die finanzielle Lastenverteilung innerhalb der EU in Zukunft gestaltet werden soll.

Die Tatsache, dass Deutschland bei der Lastenverteilung seit jeher als Zahlmeister eine Schlüsselrolle einnimmt, erzwingt geradezu eine hohe Verantwortung der deutschen Politik gegenüber den Deutschen, die deutschen Interessen an einer sinnvollen Gestaltung der Lastenverteilung in Zukunft zu wahren. Es geht dabei nicht darum, wie vielleicht jetzt so mancher „politisch Korrekte" unterstellen könnte, um deutschen Nationalismus. Sondern um die nationalen Interessen Deutschlands in dem Umfang, in dem wir akzeptieren, dass auch alle anderen Mitgliedstaaten ihre nationalen Interessen angemessen realisieren.

Die Beschäftigung mit zentralen Fragen der Europäischen Union, zu denen die Lastenverteilung zweifellos gehört, entpuppt sich als ein besonderes Politikum, wenn man folgenden Kommentar eines auf europäischer Bühne noch heute maßgeblichen Politikers zur in Brüssel betriebenen Europapolitik der Staats- und Regierungschefs liest: „Wir beschließen etwas, stellen das dann in den Raum und warten einige Zeit ab, was passiert. Wenn es dann kein großes Geschrei gibt und keine Aufstände, weil die meisten gar nicht begreifen, was da beschlossen wurde, dann machen wir weiter – Schritt für Schritt, bis es kein Zurück gibt."

Da es mir nicht um Personen, sondern um die Sache geht, soll dieser Zynismus hier entpersonalisiert stehen, aber auch nicht unbeachtet bleiben. Denn daraus folgt ganz klar, dass sich die Bürger der Mitgliedstaaten gar nicht genug Wissen aneignen können, um dieser von Zynikern erfundenen europapolitischen „Methode" etwas Handfestes entgegensetzen zu können – nach dem bekannten Motto „Wissen ist Macht". Das ist wenigstens eine der notwendigen Bedingungen, um die von Europapolitikern offenbar bewusst betriebene Politik einer Ausnutzung von Unwissen zu stoppen. Allerdings ist diese notwendige Bedingung nicht hinreichend.

Denn nach dem genannten hübschen Offenbarungseid eines Zynikers müssen „großes Geschrei und Aufstände" als weitere notwendige Bedingungen hinzukommen, damit die sich offensichtlich gerne als Autokraten gerierenden Politiker in Brüssel bereit finden könnten, des Volkes Stimme zu berücksichtigen. Für die Wissensaufbereitung fühlte ich mich mitverantwortlich, und deshalb ist dieses Buch geschrieben worden. Für das Geschrei und die Aufstände sind alle Bürger verantwortlich, vor allen Dingen die mittlere Generation der 30- bis 65-Jährigen, dies natürlich nicht nur in ihrem eigenen Interesse, sondern auch im Interesse ihrer Kinder und der schon allmählich heranwachsenden Enkel.

Anmerkungen

1 In meiner im Dezember 2007 erschienenen Untersuchung über „Tatsächliche und angemessene Nettobeiträge" bin ich einigen dieser Fragen für die EU der 15 Mitgliedstaaten für die Zeit von 1995 bis 2003 bereits nachgegangen. Im Unterschied dazu soll in der folgenden Analyse die Perspektive einerseits *zeitlich* ausgeweitet werden: Es werden zusätzlich die letzten Jahre der EU der 12 Mitgliedstaaten von 1991 bis 1994 und die ersten Jahre der EU nach der Osterweiterung ab 2004 bis einschließlich 2008 berücksichtigt. Dadurch können die bereits vorliegenden Ergebnisse in einen größeren Zusammenhang gebracht werden. Und für Deutschland ergibt sich auf diese Weise ein Überblick über dessen Position innerhalb der EU ab 1991 als dem ersten vollständigen Jahr nach der Wiedervereinigung. Die Perspektive wird im Folgenden andererseits *sachlich* ausgedehnt, indem die Umverteilungen zwischen den Mitgliedstaaten ausführlicher berücksichtigt werden.

2 Europäische Kommission, EU-Haushalt 2008, S. 64: „Als Eigenmittel werden Einnahmen bezeichnet, die die EU automatisch zur Finanzierung ihres Haushalts zufließen, ohne dass es dazu weiterer Beschlüsse auf nationaler Ebene bedarf".

3 Eine umfassende, kritische Analyse zu den Gefahren eines europäischen Zentralismus, die auch heute noch nicht das Geringste von ihrer Aktualität verloren hat, findet sich bei Roland Vaubel in seinem Buch der „Europa-Chauvinismus" von 2001. Kritisiert wird dort nicht die Idee einer europäischen Integration, sondern das *Wie*. Demzufolge findet sich bei Vaubel auch eine ganze Anzahl wichtiger Reformvorschläge zur Gestaltung der EU (S. 167 ff.). – Eine weitere Fundgrube zu den Problemen der Europapolitik aus deutscher Sicht stellt die von Werner Weidenfeld herausgegebene „Deutsche Europapolitik" von 1998 mit mehreren Beiträgen verschiedener Autoren dar. Obwohl sich gemessen an den stark empirisch orientierten Untersuchungen inzwischen

manches verändert oder fortentwickelt hat, sind sie für eine Vielzahl grundsätzlicher Probleme weiterhin sehr aufschlussreich. – Bandulet, Tatort Brüssel, mit Analyse und Dokumentation zu den Betrugsvorwürfen von 1999.

4 Vertrag über die Arbeitsweise der Europäischen Union (AEU), Art. 311 Abs. II : „Der Haushalt wird unbeschadet der sonstigen Einnahmen vollständig aus den Eigenmitteln finanziert." Zu den sonstigen Einnahmen vgl. Europäische Kommission, EU-Haushalt 2008, S. 66: Dazu gehören z. B. die Steuern und sonstige Abzüge von den Gehältern der EU-Bediensteten und Bankzinsen, aber auch der Saldo aus dem vorausgehenden Haushaltsjahr. – Zur Neufassung der vertraglichen Grundlagen der EU vgl. Markus Möstl, Vertrag von Lissabon, mit Kommentierung.

5 Die operativen Ausgaben wurden lange Zeit (bis 2006) nach den Bereichen Landwirtschaft, Strukturpolitische Maßnahmen, Interne Politikbereiche aufgeteilt, und sind nunmehr (die Vergleichbarkeit erschwerend) nach Wettbewerbsfähigkeit, Kohäsion, Natürliche Ressourcen, Freiheit, Sicherheit und Recht, sowie nach Unionsbürgerschaft und der EU als globalem Akteur gegliedert, wobei in diesem Zusammenhang mit „global" allerdings nur die Mitglieder der EU gemeint sind.

6 In der EU-15 (1995–2003) schwankte das Finanzierungsdefizit – bezogen auf die Summe der nationalen Beiträge – von 0,5 bis 15,6 Prozent und in den ersten fünf Jahren der EU-25/27 von 4,5 bis 6,2 Prozent. 2008 betrug es 4,9 Prozent.

7 Die EU geht bei ihrer Berechnung der angepassten nationalen Beiträge nicht auf die Zuordnung traditioneller Eigenmittel (oder sonstiger Eigenmittel) auf die Mitgliedstaaten ein. Dies bedeutet eine sachliche Lücke in der Ableitung der angepassten nationalen Beiträge. Die Kommission begnügt sich mit folgender Vorgehensweise, was am Beispiel Deutschland gezeigt werden soll: Deutschlands Anteil an der Summe der nationalen Beiträge in Höhe von 19,154785 Prozent (17.987,7 zu 93.886,2 Mio. gemäß Sp. 1) wird auf die Summe der operativen Ausgaben (98.469,3 Mio. gemäß Sp. 4) angewendet und damit der angepasste nationale Beitrag (18.861,6 Mio. gemäß Sp. 3) festgestellt. Auf diese Weise wird der Tatbe-

stand, dass zur Deckung der operativen Ausgaben ein Finanzierungsdefizit beseitigt und entsprechende weitere Eigenmittel
eingesetzt werden müssen, kurzerhand übersprungen. Vgl. Europäische Kommission, EU-Haushalt 2008, S. 107; so auch schon im
Kommissionsbericht Aufteilung der EU-Ausgaben 2004 nach
Mitgliedstaaten, S. 138 f. Vgl. dazu die Kritik in Willeke, Strategien zur Identifizierung von Nettozahlern und Nettoempfängern,
S. 100 ff.

8 Die Nettozahlungen an die Nettoempfänger werden häufig als
„Subventionen" bezeichnet, ich ziehe jedoch den Ausdruck Netto*leistungen* vor. Damit wird davon ausgegangen, dass es sich bei
den operativen Ausgaben der EU um „Leistungen" handelt. Ein
analoger Sprachgebrauch liegt vor, wenn die Beitrag zahlenden
Mitglieder einer Krankenkasse von dieser (Sach- oder Geld-)
„Leistungen" erhalten. Und diejenigen Krankenkassenmitglie-
der, die von der Krankenkasse mehr „heraus haben" möchten als
sie an Beiträgen eingezahlt haben, sind nichts anderes als der Pro-
totyp eines Nettoempfängers.

9 Um wenigstens die Größenordnung dieser Finanzströme zu illus-
trieren, sollen einige Beispiele genannt werden. Die Verwaltungskosten betrugen 1999 3,9 Mrd., 2003 4,7 Mrd. und 2008 6,5 Mrd.
EUR. Im Jahresdurchschnitt der Jahre 1999 bis 2003 waren es 4,3
Mrd., demgegenüber waren es im Durchschnitt der ersten fünf
Jahre der EU-25/27 5,8 Mrd. – Die sonstigen Einnahmen – ohne
die jeweiligen Haushaltsüberschüsse – betrugen 2004 3,0 Mrd.,
2008 8,5 Mrd. EUR.

10 In der deutschen Fassung des Berichts zum EU-Haushalt 2008
wird anknüpfend an das „Vereinigte Königreich" von einem „VK-
Ausgleich" gesprochen und zum Inhalt festgestellt: „Der Mecha-
nismus des VK-Ausgleichs wurde 1985 eingeführt, um das Ungleichgewicht zwischen dem Anteil des Vereinigten Königreichs an
den Zahlungen an den Gemeinschaftshaushalt und seinem Anteil
an den Gemeinschaftsausgaben zu kompensieren. Dieser Mecha-
nismus ist mittlerweile mehrmals geändert worden, um den Änderungen am Finanzierungssystem für den EU-Haushalt Rechnung
zu tragen. Die grundlegenden Prinzipien blieben jedoch unange-

tastet" (S. 66). Ich verwende die Abkürzung „UK-Abschlag", weil in sämtlichen, auch deutschsprachigen Statistiken der EU für Großbritannien das Kürzel „UK" verwendet wird.

11 Im EU-Haushalt 2008 heißt es dazu (S. 66): „Das Ungleichgewicht entspricht der Differenz zwischen dem VK-Anteil an den nach Mitgliedstaaten aufgeteilten EU-Ausgaben und an den gesamten Mwst.- und BNE-Zahlungen. Die in Prozentpunkten ausgedrückte Differenz wird mit dem Gesamtbetrag der nach Mitgliedstaaten aufgeteilen EU-Ausgaben multipliziert. Das Vereinigte Königreich erhält eine Erstattung in Höhe von 66 % des so festgestellten Haushaltsungleichgewichts." Das soll anhand der Daten für 2008 erläutert werden:

(1) Der Anteil Großbritanniens an den ursprünglichen nationalen Beiträgen beträgt 14,84 Prozent (Vgl. Tab. 2, Sp. 1: 13.870,8 von 93.485,0 Mio.).

(2) Die „nach Mitgliedstaaten aufgeteilten EU-Ausgaben" umfassen die operativen Ausgaben, die Verwaltungsausgaben und die quantitativ kaum ins Gewicht fallenden Ausgleichszahlungen und betragen zusammen 104.962,0 Mio. (EU-Haushalt 2008, S. 105). Darauf werden die entsprechenden in Großbritannien seitens der EU getätigten Ausgaben in Höhe von 7.309,9 Mio. (ebd.) bezogen: sie machen 6,96 Prozent der Gesamtsumme aus.

(3) Die Differenz zwischen den beiden genannten Prozentsätzen (14,84 – 6,96) beträgt 7,88 Prozentpunkte. Dadurch wird der Unterschied quantifiziert, der zwischen der (prozentualen) Belastung Großbritanniens mit den ursprünglichen nationalen Beiträgen einerseits und der (prozentualen) Begünstigung Großbritanniens durch die seitens der EU getätigten Ausgaben andererseits besteht.

(4) Diese empirische Feststellung wird normiert, indem die (von Null nach oben abweichenden) Prozentpunkte als ein „Ungleichgewicht" bezeichnet werden; die Prozentpunkte geben an, in welchem Umfang die Belastung Großbritanniens gegenüber den Vorteilen als „zu hoch" einzustufen ist. Es wird unterstellt, dass dagegen Maßnahmen zu ergreifen sind.

(5) Zu diesem Zweck muss das Ungleichgewicht in einem absoluten Betrag ausgedrückt werden. Dies geschieht, indem der „Ge-

samtbetrag der nach Mitgliedstaaten aufgeteilten EU-Ausgaben"
mit den genannten Prozentpunkten multipliziert wird (104.962,0
Mio. x 0,0788). Der sich daraus ergebende Betrag – 8.271,0 Mio.
– wird als das „festgestellte Haushaltsungleichgewicht" bezeichnet.

(6) Auf diesen Betrag werden 66 Prozent als UK-Abschlag „er-
stattet". Das sind 5.459,0 Mio. EUR. – Warum davon abweichend
2008 der UK-Abschlag „insgesamt 6.252,0 Mio. EUR" betrug
(EU-Haushalt 2008, S. 66), wird seitens der Europäischen Kommission nicht erläutert. Wahrscheinlich ist dies auf eine nachträgliche Korrektur von UK-Abschlägen vorausgegangener Jahre
zurückzuführen.

12 Europäische Kommission, Aufteilung der EU-Ausgaben 2005
nach Mitgliedstaaten, S. 130: „Bis 2001 war nur der Anteil
Deutschlands an der Finanzierung der VK-Korrektur reduziert
auf 2/3 seines normalen Anteils. Seit 2002 sind gemäß Ratsbe-
schluss Nr. 597/2000 die Finanzierungsanteile Österreichs,
Deutschlands, der Niederlande und Schwedens auf ein Viertel des
normalen Anteils reduziert".

13 Vgl. Günther Müller, Fass ohne Boden, insbes. ab S. 75 ff. („Die Gemeinschaft der Skandale"), S. 119 ff. („Europas Finanzen"). In diesem Buch wird vieles von dem dokumentiert, was in der ersten
Hälfte der Neunzigerjahre, also zu Beginn der 18 Jahre nach der
Wiedervereinigung, an Problemen im Verhältnis zwischen EU
und Mitgliedstaaten, insbesondere aus der Sicht Deutschlands,
diskutiert wurde. – Im Buch von Bruno Bandulet, Tatort Brüssel,
wird ab S. 10 ausführlich auf die Betrugsvorwürfe seitens eines
vom Europäischen Parlament bestellten Ausschusses von Sachver-
ständigen eingegangen. Dessen Bericht führte schließlich zum
Rücktritt der gesamtem Europäischen Kommission (16.3.1999).
Auf den S. 109 bis 240 des Buches von Bandulet wird ein Auszug
aus dem Sachverständigenbericht abgedruckt. – Vgl. außerdem in
dem schon genannten Buch von Roland Vaubel, S. 80 ff. (zur Aus-
gabentätigkeit der EU-Beamten).

14 Eine ausführliche Analyse zu den Nettozahlern und Nettoempfängern in der EU der 15 Mitgliedstaaten (1995 bis 2003) findet

sich bei Willeke, Tatsächliche und angemessene Nettobeiträge, S. 99 ff.

15 Für das Jahr 2006 hat Berthold Busch, Auswirkungen der EU-Erweiterung, eine ausführlichere Analyse zu den Veränderungen der EU-Ausgaben und EU-Einnahmen infolge der Osterweiterung vorgelegt (IW-Trends 2008). Dort werden für die Teilbereiche der Agrarpolitik und Kohäsionspolitik auch spezielle „Nettopositionen" bestimmt, aus denen hervorgeht, in welchem Umfang die einzelnen Mitgliedstaaten *in diesen Bereichen* durch die nationalen Beiträge belastet und durch die EU-Ausgaben entlastet worden sind.

16 Willeke, Tatsächliche und angemessene Nettobeiträge, S. 116 ff.

17 In den entsprechenden Statistiken der EU-Kommission kommt Großbritannien mehrmals als Nettoempfänger vor (1994, 1997, 2001). Dies hängt damit zusammen, dass der Großbritannien gewährte UK-Abschlag wegen einer nachträgliche Veränderung der Daten häufiger korrigiert werden musste (auch für mehrere Jahre gleichzeitig), sodass es in einzelnen Jahren rein rechnerisch auch zu Zahlungssalden zugunsten Großbritanniens kommen konnte. Ein „echter" Nettoempfänger wurde Großbritannien dadurch nicht. – Im Text werden die Aussagen zu den zunächst genannten vier Nettoempfängern wegen der verfügbaren Daten auf die Neunzigerjahre beschränkt.

18 Vgl. Bandulet, Die letzten Jahre des Euro, S. 143 ff.: „Die Lage in den PIGS-Staaten".

19 Eine genaue Berechnung der Nettobeiträge für die Zeit von 1976 bis 1990 ist mir gegenwärtig nicht möglich. Die Schätzung von 60 Prozent beruht darauf, dass der deutsche Anteil an der Summe der Nettobeiträge in dieser Zeit unter denen der Jahre 1991–1994 (vgl. Tab. 8) gelegen hat, weil Großbritannien wenigstens bis 1984 (vor Wirksamwerden der UK-Abschläge) an den Nettobeiträge stärker (und damit Deutschland unter sonst gleichen Bedingungen weniger) beteiligt war.

20 Vgl. Bandulet, Die letzten Jahre des Euro, S. 158 ff. – Konrad u. Zschäpitz, Schulden ohne Sühne, S. 191 ff. – Sinn u. Carstensen, Ein Krisenmechanismus, S. 1 ff.

21 Zum Haftungsausschluss vgl. Art 125 AEU: „ Die Union haftet nicht für die Verbindlichkeiten der Zentralregierungen … und tritt nicht für derartige Verbindlichkeiten ein; dies gilt unbeschadet der gegenseitigen finanziellen Garantien für die gemeinsame Durchführung eines bestimmten Vorhabens. Ein Mitgliedstaat haftet nicht für die Verbindlichkeiten der Zentralregierungen eines anderen Mitgliedstaats und tritt nicht für derartige Verbindlichkeiten ein; dies gilt unbeschadet …" (wie zuvor). – Zur Unabhängigkeit der EZB vgl. Art. 130 AEU. Danach darf die EZB von anderen Institutionen keine „Weisungen … einholen oder entgegennehmen" und auch die „Regierungen der Mitgliedstaaten verpflichten sich, diesen Grundsatz zu beachten und nicht zu versuchen, die Mitglieder der Beschlussorgane der EZB … bei der Wahrnehmung ihrer Aufgaben zu beeinflussen".

22 Zur völkerrechtlichen Problematik vgl. Doehring, Reparationen, S. 46 ff. und speziell zu den Finanzhilfen an Griechenland S. 50 f. Doehring gibt zu bedenken, ob nicht bei einer noch erhobenen Reparations-Forderung Griechenlands gegen Deutschland auch daran gedacht werden sollte, mit welch hohem Betrag Deutschland inzwischen innerhalb der EU an der Finanzierung der Griechenland gewährten Nettoleistungen beteiligt sei.

23 Zur ausführlicheren Darstellung einer Konzeption angemessener Nettobeiträge vgl. Willeke, Tatsächliche und angemessene Nettobeiträge, S. 102 ff. Die Konzeption wird dort auf die EU der 15 Mitgliedstaaten angewandt. – Außerdem wird dort auf die *angemessenen Nettobeiträge je Einwohner* eingegangen. Die angemessenen Nettobeiträge je Einwohner zweier verschiedener Mitgliedstaaten sind nur dann gleich hoch, wenn die *Bruttonationaleinkommen je Einwohner* gleich sind, also so definiert bei „gleichem Wohlstand". Andersherum formuliert: bei ungleichem Wohlstand zwischen den Mitgliedstaaten ist es angemessen, dass die Belastung der BNE je Einwohner mit Nettobeiträgen ungleich ist, und zwar proportional zu den Wohlstandsunterschieden. – Das macht auch klar, dass es *nicht ausreicht*, wenn Politiker gelegentlich die generelle Forderung erheben, die *Nettobeiträge je Kopf* sollten in den Mitgliedstaaten gleich sein. Mit dieser Forde-

rung wird keine Rücksicht auf den unterschiedlichen Wohlstand in den Mitgliedstaaten genommen.

24 Der für alle Nettozahler gleichzeitig geltende einheitliche Prozentsatz wird für ein Jahr ermittelt, indem die *Summe* der tatsächlichen Nettobeiträge (= die als angemessen unterstellte Umverteilungssumme) auf die *Summe* der Bruttonationaleinkommen *aller* Nettozahler bezogen wird; 2008 betrug die Summe der Nettobeiträge 22.845,8 Mio. (Tab. 1) und die Summe der Bruttonationaleinkommen 9.891.000,0 Mio.; daraus ergibt sich eine Belastung dieser Summe der BNE durch die Nettobeiräge in Höhe von 0,23097 Prozent. – Diese jährlichen Prozentsätze schwankten von 2004 bis 2008 leicht. – Für den Gesamtzeitraum (Tab. 7) betrugen die Summe der tatsächlichen Nettobeiträge 101.338,7 Mio. und die der BNE 46.904.000,0 Mio.; daraus ergibt sich eine Belastung der BNE durch die Nettobeiträge in Höhe von 0,21605 Prozent. Wird nun z. B. für Deutschland die Summe der BNE für 2004 – 2008 in Höhe von 11.810.700,0 Mio. mit 0,21605 multipliziert, ergibt sich der in Tab. 7, Sp. 2, genannte angemessene Nettobeitrag in Höhe von 25.529,0 Mio. (mit Rundungsdifferenz). – Werden auf diese Weise die BNE aller anderen Nettozahler ebenfalls mit 0,21605 multipliziert und damit die angemessenen Nettobeiträge auch dieser Nettozahler ermittelt, wird die Summe der (bisherigen tatsächlichen) Nettobeiträge *ohne Rest* auf die Nettozahler nunmehr in Form angemessener Nettobeiträge verteilt: Die Summen in den Sp. 1 und Sp. 2 der Tab. 7 sind gleich.

25 Bei Bestimmung der angemessenen Nettobeiträge wurde unterstellt, dass die Nettozahler die bestehende Umverteilung zugunsten der Nettoempfänger akzeptieren, und dass damit die bestehende *Summe* der tatsächlichen Nettobeiträge (Tab. 7, Sp. 1) auch als Summe der angemessenen Nettobeiträge (Sp. 2) akzeptiert wird (101.338,7 Mio.). – Wird nun diese Summe (in Sp. 2) auf Basis der Bruttonationaleinkommen der Nettozahler (vgl. die Anm. zuvor) auf die Nettozahler als angemessene Nettobeiträge verteilt (also Sp. 2 ausgefüllt), dann bedeutet das im Ergebnis, dass – beim Übergang von Sp. 1 zur Sp. 2 – die Nettobeiträge auf die Nettozahler nur anders verteilt werden. – Das wiederum hat zur Kon-

sequenz, dass die Summe der Abweichungen der angemessenen Nettobeiträge von den tatsächlichen Nettobeiträgen nach unten (Sp. 3) gleich der Summe der Abweichungen der angemessenen Nettobeiträge von den tatsächlichen nach oben (Sp. 4) sein muss. (Wiederum nach dem Motto der Pisa-Studie unseres Lehrers mit den 27 Schulkindern: Bei der Umverteilung einer gegebenen Summe kann einer nur mehr herausbekommen als er eingezahlt hat, wenn zumindest einer in gleicher Höhe weniger herausbekommt als er eingezahlt hat). In unserem Fall betragen die Abweichungen nach oben (die zu viel zugemuteten Nettobeiträge) und die Abweichungen nach unten (die zu wenig zugemuteten Nettobeiträge) jeweils 14.480,6 Mio. (Tab. 7, Sp. 3 und 4, unbeschadet der Rundungsdifferenz).

26 Da diese Daten bislang in keiner anderen Studie veröffentlicht worden sind, sollen einige Angaben in Millionen gemacht werden: *Im Zeitraum von 1991 bis 1994* betrug die Summe der tatsächlichen Nettobeiträge 48.004,1 Mio. ECU, die von 7 Nettozahlern getragen wurden (wenn auch nicht alle in jedem Jahr Nettozahler waren). Auf die drei anderen großen Mitgliedstaaten verteilten sich die tatsächlichen Nettobeiträge wie folgt: FR 5.547,2; UK 1.979,6 und IT 4.308,9 Mio. ECU (insges. also 11.835,7 Mio. ECU). Für die übrigen Nettozahler galten folgende Nettobeiträge: NL 467,1; BE 23,6 und LU 301,0 Mio. ECU.

27 Eine ausführlichere Analyse dazu für die EU-15 findet sich bei Willeke, Tatsächliche und angemessene Nettobeiträge, S. 116 ff.

28 Zum Nachweis im Einzelnen vgl. Willeke, Tatsächliche und angemessene Nettobeiträge, S. 117.

29 Ergänzend zur Tab. 8, Sp. 4, soll betont werden: (1) Im *Zeitraum 1991 bis 1994* standen den 16,7 Mrd. ECU, die Deutschland zu viel zugemutet wurden, 15,1 Mrd. ECU gegenüber, die den drei anderen großen Mitgliedstaaten FR, UK und IT zusammen betrachtet zu wenig zugemutet wurden. (2) Im *Zeitraum 1995 bis 2003* standen den 36,0 Mrd. ECU/EUR, die Deutschland zu viel zugemutet wurden, 42,1 Mrd. ECU/EUR gegenüber, die den drei anderen großen Mitgliedstaaten zusammen zu wenig zugemutet wurden (Willeke, Tatsächliche und angemessene Nettobeiträge, S. 117). –

(3) Diese „Schieflagen" werden im Kap. 9 zusammenfassend für *1991 bis 2008* mitberücksichtigt.

30 Analog zu den im Text für Frankreich angestellten Überlegungen ist zu berücksichtigen: Der deutsche angemessene Nettobeitrag in Tab. 10, Sp. 2, beträgt 84,9 Mrd.; das ist das 1,619-fache des britischen in Höhe von 52,4 Mrd. Darin ist impliziert, dass die für die 18 Jahre kumulierten Volkseinkommen beider Länder in dieser Relation zueinander stehen. Nun wird angenommen, dass der tatsächliche Nettobeitrag Großbritanniens in Höhe von 30,2 Mrd. als die angemessene Belastung des britischen Volkseinkommens aufgefasst wird. Dann ist bei gleicher prozentualer Belastung beider Volkseinkommen der angemessene deutsche Nettobeitrag das 1,619-fache des britischen angemessenen Nettobeitrags, also 48,9 Mrd.

31 Bei der Einschätzung „der Größe" der Nettozahler wird verschiedentlich auf die tatsächlichen Nettobeiträge je Einwohner abgestellt. Dieses Kriterium reicht aber nicht aus. Außerdem ist zu berücksichtigen, dass selbst bei den tatsächlichen Nettobeiträgen je Einwohner Deutschland – nach Luxemburg – lange Zeit an der Spitze stand und nicht die Niederlande oder Schweden. Vgl. Willeke, Tatsächliche und angemessene Nettobeiträge, S. 113 f.

32 Vgl. Bandulet, Das Maastricht-Dossier, S. 58 ff.

33 Zu näheren Ausführungen dazu vgl. Willeke, Tatsächliche und angemessene Nettobeiträge, S. 124 ff.

Literatur

Bandulet, Bruno: Das Maastricht-Dossier – Deutschland auf dem Weg in die dritte Währungsreform, Langen Müller Herbig, München 1993

Bandulet, Bruno: Tatort Brüssel – Das Geld, die Macht, die Bürokraten, Langen Müller Herbig, München 1999

Bandulet, Bruno: Die letzten Jahre des Euro – Ein Bericht über das Geld, das die Deutschen nicht wollten, Kopp Verlag, Rottenburg 2010

Busch, Berthold: Auswirkungen der EU-Erweiterung auf die Entwicklung und Verteilung des EU-Haushalts, in: IW-Trends – Vierteljahresschrift zur empirischen Wirtschaftsforschung, 35 Jg., S. 1–17, Deutscher Instituts-Verlag, Köln 2008

Doehring, Karl: Reparationen für Kriegsschäden, in: Karl Doehring, Bernd J. Fehn, Hans G. Hockerts, Jahrhundertschuld, Jahrhundertsühne, S. 9–52, Olzog Verlag, München 2001

Europäische Kommission (Haushalt): Aufteilung der EU-Ausgaben 2004 nach Mitgliedstaaten, Brüssel September 2005

Europäische Kommission (Haushalt): Aufteilung der EU-Ausgaben 2005 nach Mitgliedstaaten, Brüssel September 2006

Europäische Kommission: Der EU-Haushalt 2006. Finanzbericht, Brüssel 2007

Europäische Kommission: EU-Haushalt 2008. Finanzbericht, Brüssel 2009

Konrad, Kai A. / Zschäpitz, Holger: Schulden ohne Sühne? Warum der Absturz der Finanzen uns alle trifft, Verlag C.H. Beck, München 2010

Müller, Günther: Faß ohne Boden – Die Eurokratie von Brüssel und unser Geld, Wirtschaftsverlag Langen Müller Herbig, München 1994

Möstl, Markus: Vertrag von Lissabon. Einführung und Kommentierung. Konsolidierte Fassung der Verträge und deutsche Begleitgesetzgebung, Olzog Verlag, München 2010

Sinn, Hans-Werner, Carstensen, Kai: Ein Krisenmechanismus für die Eurozone, ifo Schnelldienst, Sonderausgabe 23. November 2010, ifo Institut für Wirtschaftsforschung, München 2010

Vaubel, Roland: Europa-Chauvinismus – Der Hochmut der Institutionen, Universitas in der F.A. Herbig Verlagsbuchhandlung, München 2001

Weidenfeld, Werner (Hrsg.): Deutsche Europapolitik. Optionen wirksamer Interessenvertretung, Europa Union Verlag, Bonn 1998

Willeke, Franz-Ulrich: Strategien zur Identifizierung von Nettozahlern und Nettoempfängern in der EU, in: Jahrbücher für Nationalökonomie und Statistik, Bd. 225, S. 96–119, Verlag Lucius & Lucius, Stuttgart 2005

Willeke, Franz-Ulrich: Tatsächliche und angemessenen Nettobeiträge. Die Europäische Union der 15 Mitgliedstaaten als Testfall, in: Jahrbuch für Wirtschaftswissenschaften, Bd. 58, S. 93–129, Verlag Vandenhoeck & Ruprecht, Göttingen 2007

Markus Möstl
Vertrag von Lissabon
Einführung und Kommentierung.
Konsolidierte Fassung der Verträge
und deutsche Begleitgesetzgebung

384 Seiten, Broschur
€ 24,90
ISBN 978-3-7892-**8326**-0

Markus Möstl

Vertrag von Lissabon
Einführung und Kommentierung

**Konsolidierte Fassung der Verträge
und deutsche Begleitgesetzgebung**

Mitberücksichtigt:
Lissabon-Urteil
des BVerfG

OLZOG

Am 1. Dezember 2009 ist der Vertrag von Lissabon in Kraft getreten, der die vertraglichen Grundlagen der Europäischen Union umfassend reformiert. Nach dem Scheitern des Projektes einer »Verfassung für Europa« ist damit ein schwieriger Reformprozess zu einem erfolgreichen Abschluss gekommen.

Dieses Buch wendet sich an alle, die sich als interessierte Bürger, als Studierende der Rechts- oder Politikwissenschaften oder aus beruflichen Gründen mit dem Lissabon-Vertrag beschäftigen wollen. Es möchte dem Leser helfen, die politische und rechtliche Grundordnung Europas, wie sie nunmehr durch den Vertrag von Lissabon geschaffen worden ist, besser verstehen zu lernen.

Mithilfe einer ausführlichen Einführung und systematischen Kommentierung, welche die Grundfragen des Wesens, der Aufgaben und des Funktionierens der Europäischen Union behandelt, soll ein Weg durch das unübersichtliche und aus sich heraus nur schwer verständliche Vertragswerk gebahnt werden. Konkret geht es um die Rechtsnatur der Europäischen Union, die Entstehung des Vertrages von Lissabon, die Rechte des Unionsbürgers, die institutionelle Ordnung und die Kompetenzen der Europäischen Union sowie um die Zukunft des Integrationsprozesses. Stets mitbehandelt wird dabei auch, wie sich die durch den Lissabon-Vertrag geschaffene Ordnung aus der Sicht des deutschen Grundgesetzes darstellt; auf das Lissabon-Urteil des Bundesverfassungsgerichts wird ein besonderes Augenmerk gelegt.

- Einführung und Erläuterung der Vertragsbestimmungen in einer verständlichen, aber dennoch juristisch verlässlichen Sprache, mit Schaubildern.

- mit dem vollständigen Text der konsolidierten Fassungen der Verträge (EUV, AEUV, inklusive ausgewählter Protokolle und Erklärungen) und der Grundrechtecharta, einem Auszug aus dem Grundgesetz, den Leitsätzen des Lissabon-Urteils des BVerfG sowie den maßgeblichen Texten der deutschen Begleitgesetzgebung.

Der Autor: Prof. Dr. Markus Möstl, geboren 1969, Inhaber eines Lehrstuhls für Öffentliches Recht an der Universität Bayreuth.

www.olzog.de